Der Herr segne und behüte dich

Konkrete Liturgie

Hanns Sauter

Der Herr segne und behüte dich

Segensfeiern und Gottesdienste mit Senioren

Verlag Friedrich Pustet
Regensburg

Bibliografische Information der Deutschen Nationalbibliothek

Die Deutsche Nationalbibliothek verzeichnet diese Publikation
in der deutschen Nationalbibliografie;
detaillierte bibliografische Daten sind im Internet
über http://dnb.d-nb.de abrufbar.

www.verlag-pustet.de
www.liturgie-konkret.de

ISBN 978-3-7917-2395-2

Satz und Layout: MedienBüro Monika Fuchs, Hildesheim
Umschlaggestaltung: Martin Veicht, Regensburg
Druck und Bindung: Friedrich Pustet, Regensburg
Printed in Germany 2011

Inhaltsverzeichnis

Gottesdienst feiern im Heim

Segensfeiern im Seniorenkreis

Vorwort

Liebe Leserin, lieber Leser!

Sie greifen zu diesem Buch, weil ihnen Gottesdienstfeiern mit älteren Menschen ein Anliegen sind. Gottesdienstentwürfe und Predigtanregungen, die auf die zahlreichen unterschiedlichen Situationen und Bedürfnisse im Seniorenbereich zugeschnitten sind, werden mehr und mehr gesucht. Hier finden Sie erprobte Modelle, die Sie entweder einfach übernehmen oder nach ihren eigenen Vorstellungen und Erfordernissen bearbeiten können.

Der erste Abschnitt enthält Gottesdienstmodelle zu verschiedenen Anlässen im Jahr und setzt eher die Pfarrsituation voraus. Die Gottesdienste können in einer Kirche, einer Kapelle, einem Pfarrsaal oder in einem anderen geeigneten Raum gefeiert werden. Es handelt sich meist um Modelle zu Wort-Gottes-Feiern, die aber auch als Bausteine für eine Eucharistiefeier dienen können. Mancher Vorschlag mag etwas ungewohnt sein, doch zeigt die Erfahrung, dass Senioren für neue Ideen sehr offen sind. Ein guter Weg, einen Gottesdienst inhaltlich zu vertiefen ist, das „Thema" des Gottesdienstes vorher in einem Treffen des Seniorenkreises auf der Ebene von Gespräch, Diskussion, Hintergrundinformation vorzubereiten. In den Eröffnungsworten der Gottesdienste werden diese Themen dann angesprochen. Im Ostergottesdienst zur Emmausgeschichte zum Beispiel sind es: auf dem Weg sein; gemeinsam gehen; in einer verfahrenen Situation nach Lösungen suchen. Der Gottesdienstvorschlag für Pfingsten geht auf aktuelle gemeindliche und kirchliche Veränderungen ein, die ältere Menschen (aber nicht nur diese) oft ratlos machen. Auch hier bietet sich an, im Seniorenkreis solche Themen zunächst zu besprechen, es aber nicht dabei zu belassen, die Vergangenheit zu beklagen und die Gegenwart und Zukunft über sich ergehen zu lassen. Veränderungen verlangen immer nach einer Neupositionierung. Sie lassen Althergebrachtes in einem anderen Licht erscheinen, eröffnen neue Sichtweisen und Aufgaben. So stellt sich auch für ein älteres Gemeindemitglied, für einen pfarrlichen Seniorenkreis die Frage nach seinem originären

Beitrag. Gottes Geist hilft, mit Veränderungen umzugehen, neue Wege zu finden, eigene Talente zu entdecken.

Der zweite Abschnitt enthält Modelle, die für Gottesdienstfeiern in Heimen bzw. Pflegestationen gedacht sind. Natürlich können sie auch anderswo verwendet werden; was für den Einen zu anspruchsvoll ist, ist es für den Anderen nicht. Letztlich entscheiden die Vorbereitungsgruppe und die Leiterin/der Leiter des Gottesdienstes darüber, was für den konkreten Personenkreis und in der Situation vor Ort sinnvoll und möglich ist und was nicht. Gerade im Heimbereich ist darauf zu achten, dass die Menschen dort einen Gottesdienst auch als Gottesdienst erkennen, dass er das enthält oder anspricht, was sie brauchen. Dies stimmt nicht immer mit den Vorstellungen derer überein, die den Gottesdienst vorbereiten und durchführen. Besonders gilt dies für die Lieder. Liedvorschläge sind zwar jedem Modell beigefügt, doch ist wichtiger, darauf zu achten, was die Leute singen können und was nicht, vor allem auch, was sie gerne singen. Das müssen nicht immer Lieder aus dem Gotteslob sein.

Der dritte Schwerpunkt dieses Buches sind Segensfeiern. Gerade im Älterwerden gibt es viele Anlässe, sich unter den besonderen Segen Gottes zu stellen – einige davon sind hier aufgegriffen. Wie sagt schon der heilige Paulus: „Alle, die glauben, gehören zu dem glaubenden Abraham und werden wie er gesegnet." (Gal 3,9)

Gottes Segen wünscht auch Ihnen
Hanns Sauter

„Mit Gottes Segen bin ich vorangekommen!“

Gedanken zu „Segen“ und „segnen“ aus der Sicht der Seniorenpastoral

Auf Segen verwiesen sein

Die Worte „Segen“ und „segnen“ haben einen besonderen Klang. Sie berühren das Innerste des Menschen, seine Sehnsucht nach Sinn, nach Einklang mit sich, mit Gott und den Mitmenschen, die Sehnsucht nach dem Endgültigen, nach dem, was bleibt. Sie verweisen auf Dinge, von denen wir wissen, dass wir sie weder herbeiführen noch erzwingen können. Wir können sie einander wünschen, können sie erhoffen oder sie uns schenken lassen. Die Bitte um Segen auszusprechen, bedeutet, sich bewusst zu sein, dass wir auf jemanden anderen verwiesen, vielleicht sogar angewiesen sind. Besonders im Älterwerden wird deutlich, wie sehr das Leben selbst und wie vieles im Leben Geschenk war und ist. Ältere Menschen wissen, es hätte auch anders kommen können und sind dankbar für das, was geworden ist. Mit dem Wachsen der Dankbarkeit wird aber auch der Wunsch stärker, selbst etwas weitergeben und verschenken zu können, selbst noch etwas zu tun, was anderen nützlich ist.

Segen in der Bibel

Woher aber kommt Segen? Von wem kann ich ihn mir erbitten? Wer kann mir das schenken, was ich mir wünsche und von dem ich weiß, dass ich selbst es nicht schaffen kann?

Die Bibel ist davon überzeugt, dass von Anfang an über den Menschen und der ganzen Schöpfung Gottes Segen steht. „Gott sah, dass es gut war … Gott segnete sie“, heißt es im Schöpfungsbericht des Buches Genesis. Umso bedauerlicher ist es, wenn kurz darauf im selben Buch der Bibel steht, dass sich der Mensch außerhalb des Segens Gottes, der unmittelbaren Lebensgemeinschaft mit seinem Schöpfer, gestellt hat. Seitdem er sich aber von Gott abgekehrt hat, ist ihm umso deutlicher bewusst, dass er ganz und gar auf den Segen Gottes angewiesen ist und ohne diesen nicht leben kann. Dieses Eingeständnis enthält die Bibel vielen Stellen. Vom Segen Gottes spricht sie auffallend oft im Zusammenhang mit alten Menschen. Sie sind gesegnet und tragen Segen in die Welt. Noach, Abraham, Sara, Mose, Isaak, Jakob und andere haben in ihrem Leben den Segen Gottes immer wieder erfahren: seine Nähe, seine Verheißungen, sein Mitgehen durch ihr Leben. Im Neuen Testament erfahren wir über Elisabet und Zacharias, dass sie Gott im hohen Alter reich gesegnet hat und dass der Segen, der über sie gekommen ist, für alle Menschen Bedeutung hat; Simeon und Hanna sprechen vom Segen, der durch Jesus in die Welt gekommen ist. Die „Senioren in der Bibel" segnen ihre Nachfahren, geben ihnen ihre Erfahrungen mit Gott weiter und verabschieden sich mit Segensworten aus der Welt. Sie glauben an eine gute Zukunft für alle, stellen die ihnen vertrauten Menschen unter Gottes Schutz und empfehlen ihnen – im Blick auf das eigene Leben – eindringlich, in ihrem Leben die Beziehung zu Gott zu pflegen und ihm die Treue zu wahren. Der alttestamentliche Weisheitslehrer Jesus Sirach kann daher über sein Leben reflektieren: „Mit Gottes Segen bin ich vorangekommen" (Sir 33,17).

Das Bedürfnis nach Segen heute

Heute ist das Bedürfnis nach Segen, nach einem Zuspruch, der ermutigt und die Überzeugung ausspricht, dass die positiven Kräfte im Menschen stärker sind als die negativen, groß. Vor allem in den Übergangssituationen im Leben möchten Menschen den Segen Gottes als schützende Macht über ihrer Zukunft erfahren. Im Lauf des Älterwerdens gibt es zahlreiche Anlässe, sich unter den besonderen Segen Gottes zu stellen. Der Eintritt in die nachberufliche Lebenszeit ist heute nicht mehr gleichbedeutend mit einem baldigen Lebensende. Immer mehr Seniorinnen und Senioren sehen in ihm einen Neubeginn, der zahlreiche interessante Möglichkeiten und Herausforderungen bietet, der aber auch mit viel Ungewissheit verbunden ist. Immer zahlreicher wünschen ältere Menschen, dass die Jahre, die noch vor ihnen liegen, „gute Jahre" werden und möchten diese unter den Segen Gottes stellen. Andere fragen mit Worten wie: „Was kann ich noch tun?" oder: „Wozu werde ich noch gebraucht", wie sie zum Segen für ihre Mitmenschen werden können.

Segen als Kraft des Kreuzes

Die lateinischen Worte „signum" (Zeichen) und „signare" (bezeichnen), von denen sich unsere Worte „Segen" und „segnen" ableiten, weisen auf eine spezifisch christliche Geste des Segens hin: das Kreuzzeichen. Sich selbst oder jemand anderem das Kreuz auf die Stirne zeichnen, bedeutet, sich oder ihn unter das Kreuz zu stellen – das Zeichen, durch das Segen in die Welt gekommen ist. In Verbindung mit dem Kreuzzeichen, verwendet die lateinische Segensformel das Wort „benedicere“ – (jemandem) Gutes sagen, Gutes wünschen. Zusammen mit dem Kreuzzeichen bedeutet „segnen“ daher mehr, als jemandem zu sagen: Ich meine es gut mit dir, ich wünsche dir alles Gute. Mit dem Kreuz rufen wir Gottes Kraft herab, im Vertrauen, dass diese Kraft Gutes bewirkt. Es ist die Kraft, die – wie das Kreuz Jesu deutlich macht – auf „krummen Linien gerade schreiben“ kann. Dieser Kraft vertrauen wir. Die Bitte um Segen ist Ausdruck des Suchens des Menschen nach Gott und die Bitte um die Zuwendung Gottes zu den Menschen. Mit ihr ist immer auch ein Bekenntnis verbunden: Wir leben in einer Welt, die durch Gottes Kraft lebendig ist, die voll ist von seiner Liebe und seinem Erbarmen. Wir erfahren diese Liebe und dieses Erbarmen an uns immer wieder.

Selbst zum Segen werden

Wer gesegnet ist, steht unter dem Segen Gottes und wird deshalb selbst zum Segen, denn Gott unterstützt und vollendet, was wir in seinem Namen für uns und für unsere Mitmenschen tun. Sicher gibt es unter manchen älteren Menschen die Einstellung, die eine betagte Dame einmal in die Worte gefasst hat: „Zum Wohltun sind wir doch schon zu alt!“ Es gibt aber auch Gegenbeispiele: „Ich kann zum Segen werden, wenn ich in meinem Alter nicht in den Tag hinein lebe, sondern ihn bewusst beginne und gestalte, wenn ich meinen Lebensabschnitt Pension nicht über mich ergehen lasse, sondern mich bemühe, ihn mit Leben zu füllen.“ – „Ich kann zum Segen werden, wenn ich nicht nur kritisiere, sondern mit gutem Beispiel vorangehe.“ – „Wenn ich mich für etwas einsetze, wenn ich mich um jemanden sorge, bin ich sicher ein Segen.“ – „Ich möchte keine griesgrämige und grantige, sondern eine freundliche Alte sein, die auf ihre Mitmenschen offen zugeht. Darum habe ich mir vorgenommen, jeden, der mir begegnet freundlich zu grüßen.“ Im familiären und überhaupt im zwischenmenschlichen Bereich gibt es viele Möglichkeiten, Segen zu sein: in der Anteilnahme am Leben meiner Kinder, in der Betreuung meiner Enkel, in der Sorge um die alten Eltern. Zum Segen kann ich werden durch mein

Zugehen auf jene, die auf jemanden warten – einsame Menschen, Senioren, die ihre Wohnung nicht mehr verlassen können –, aber auch für Jugendliche, die nach einem Menschen suchen, an dem sie sich orientieren können, oder für Menschen, die aus der Bahn geworfen, dankbar sind für jemanden, der zu ihnen hält. Segen werde ich auch für jene, mit denen ich mitdenke, die ich in Gedanken mittrage, die ich in mein Gebet einschließe. Segen bin ich für alle, die sich mir anvertrauen. Zum Segen werden hat wenig mit körperlichen Kräften zu tun, umso mehr aber mit dem Glauben an das Gute im Menschen, der spüren lässt: Es glaubt jemand an dich, es vertraut dir jemand. Es gibt jemanden, der auf dich wartet. Dies können Menschen vermitteln, die sich selbst von Gott gesegnet und getragen wissen. Ein Mensch aber, der um sein Gesegnetsein weiß, hinterlässt Spuren in dieser Welt und ist Wegweiser zum Gott und Vater Jesu Christi, der uns „mit allem Segen seines Geistes segnet" (vgl. Eph 1,3).

Gottesdienst feiern in der Gemeinde

Segne dieses Jahr von seinem ersten Tag bis zu seinem letzten

Gottesdienst zum Beginn eines neuen Jahres

Symbol *Segenshand mit dem Aaronsegen, für alle aus Papier geschnitten.*

Zur Eröffnung GL 519 (Komm her, freu dich mit uns)

Einführung Wir beginnen heute ein neues Jahr. Viele Gedanken bewegen uns: Was wird es bringen? Sind wir allen seinen Herausforderungen gewachsen? Bleiben uns die Sorgen und Schwierigkeiten, mit denen wir uns im vergangenen Jahr herumschlagen mussten, erspart? Worauf freuen wir uns in diesem Jahr? Was immer auch kommen mag – die Texte des heutigen Gottesdienstes versichern uns: Wir sind von Gott gesegnete Menschen. Wir stellen dieses Jahr unter sein Erbarmen und rufen:

Kyrie-Rufe Herr Jesus, bei deiner Geburt verkündeten die Engel allen Menschen Hoffnung und Freude: Herr, erbarme dich.
Herr Jesus, vor dir knieten die Hirten, sie fassten Mut und Zuversicht: Christus, erbarme dich.
Herr Jesus, deine Mutter Maria ist uns Vorbild im Glauben und Vertrauen: Herr, erbarme dich.

Gebet Herr, unser Gott! Heute beginnt ein neues Jahr. Wir spüren, dass wir wieder älter geworden sind. Wir legen uns und dieses neue Jahr in deine Hände und bitten dich: Segne seine Tage vom ersten bis zum letzten, segne alle Stunden, die du uns schenkst. Lass uns nicht aus deinen Augen. Begleite uns und alle, die uns verbunden sind. Darum bitten wir durch Jesus Christus, unseren Herrn.

Lesung	Num 6,22–27
Antwortgesang	Ps 36 (GL 724) *oder* GL 289 (Herr, deine Güt ist unbegrenzt)
Evangelium	Lk 2,16–21

Impuls

Die Lesung, der sog. Aaron-Segen, spricht uns zum Jahresbeginn Gottes Nähe zu. Die Worte, die die Priester dazu im Auftrag Gottes verwenden sollen, sind sehr persönlich und berührend: „Der Herr segne und behüte dich …" Mit „behüten" verbinden wir „beschützen, bewahren, auf jemanden liebevoll Acht geben". Wer kann dies besser als Gott, der auf uns schaut, dem unser Wohl am Herzen liegt und der deshalb Jesus als Retter zu uns gesandt hat? Wenn wir so von Gott gesegnet sind, dann geben wir von dem Segen, den wir empfangen haben, weiter. Es gibt Menschen, für die wir da sein möchten, deren Wohl uns am Herzen liegt, denen wir ganz besonders Gutes wünschen. Es gibt auch vieles andere, das uns beunruhigt, das uns ängstigt, dem wir aus dem Weg gehen oder das wir anderen ersparen möchten. Auch hierfür mag uns die Geborgenheit und das Vertrauen, das durch diese Segensworte spürbar wird, helfen und Mut machen.

Das Evangelium erzählt von der Namensgebung Jesu. Der Name, den das neugeborene Kind erhält, drückt aus, dass sich Gott neu und unwiderruflich den Menschen zuwendet: Jesus. Auf Deutsch bedeutet dieser Name „Gott rettet". Sicher, es ist ein Zufall, dass das Weihnachtsfest und unser Neujahrsfest, das auch das Fest der Namensgebung des Neugeborenen ist, dicht beieinander liegen. Doch kann es etwas Besseres geben, als dass uns zu Beginn eines neuen Jahres, an dem uns so viele Gedanken an die Zukunft beschäftigen, gesagt wird: „Gott ist da! Gott segnet! Gott rettet!"?

Der Name „Jesus" steht somit wie eine Überschrift über den kommenden 365 Tagen. Er ermutigt uns, sie anzunehmen, was immer sie auch bringen mögen. Gott wendet sich uns zu. Er steht auf unserer Seite. Er segnet uns. Darüber staunen wir, und wir freuen uns wie die Hirten von Betlehem. Wie sie sagen auch wir die Frohe Botschaft weiter: Gott ist da, Gott ist mit uns.

Fürbitten

Am Beginn des neuen Jahres tragen wir unsere Anliegen vor Gott. Wir beten um seine Nähe und seine Hilfe für uns und für alle, die selbst nicht mehr beten können. So bitten wir:

- Herr, unser Gott, hilf allen, die in diesem Jahr vor weitreichenden Entscheidungen stehen. Wir bitten dich, erhöre uns.
- Stärke alle, die sich vor dem neuen Jahr fürchten.
- Steh allen bei, auf die in diesem Jahr Schicksalsschläge zukommen.
- Sei bei allen, die sich um Frieden und Versöhnung bemühen.
- Ermutige alle, die am Leben keine Freude mehr finden.

Guter Gott, dir vertrauen wir uns auch in diesem Jahr an, denn du bist unser Vater heute und alle Tage und in alle Ewigkeit.

Bei einer Eucharistiefeier oder Wort-Gottes-Feier mit Kommunionspendung:

Meditation nach der Kommunion

Jesus, du bist mit uns,
du gehst mit uns.
Du schenkst uns von deiner Lebenskraft.
Du weckst in uns die Hoffnung.
Du bist gekommen, um uns aufzurichten
und wegzunehmen, was uns niederdrückt.
Mit dir können wir gehen,
Tag für Tag, Woche für Woche.
Mit dir wollen wir gehen,
Monat für Monat, Jahr um Jahr.

Gebet Herr, unser Gott! Du überlässt uns nicht unserem Schicksal, sondern nimmst uns an deine Hand. In diesem Vertrauen beginnen wir das neue Jahr mit Zuversicht. Dein Segen schenke uns die Kraft, die wir brauchen, heute und alle Tage und in alle Ewigkeit.

Segen Die Segensworte der Lesung begleiten uns in diesem Jahr. Sie gelten uns und allen Menschen:
Der Herr segne und behüte dich.
Der Herr lasse sein Angesicht über dir leuchten
und sei dir gnädig.
Der Herr wende sein Angesicht dir zu
und schenke dir Heil.

Schlusslied GL 637 (Lasst uns loben, freudig loben)

Die Segenshand wird verteilt.

Spiegel Gottes

Wort-Gottes-Feier in der Faschingszeit

Symbol *Spiegel*

Zur Eröffnung GL 260,1–3 (Singet Lob unserm Gott)

Einführung Faschingsfeiern und Faschingssendungen im Fernsehen haben zur Zeit Hochkonjunktur. Warum feiern wir so gerne Fasching? Man möchte einmal ein anderer sein. Darum schlüpft man in eine Verkleidung oder spielt die Rolle eines anderen. Vielleicht möchte man auch einmal jemandem einen Spiegel vorhalten und auf humorvoll-hintergründige Weise etwas sagen, was man schon längst einmal hätte anbringen wollen. Vielleicht wird einem auch selbst so ein Spiegel vorgehalten. Uns einen Spiegel vorhalten lassen – darum geht es auch jetzt im Gottesdienst. Vor Gott brauchen wir uns nicht verstecken, brauchen wir in keine andere Rolle schlüpfen. Er kennt uns, wie wir sind. Daher rufen wir:

Kyrie-Rufe Herr Jesus Christus, ob wir sitzen oder stehen, es ist dir bekannt: Herr, erbarme dich.
Du kennst unsere Gedanken, du bist vertraut mit all unseren Wegen: Christus, erbarme dich.
Du umschließt uns von allen Seiten und legst deine Hand auf uns: Herr, erbarme dich.

Gebet Herr, unser Gott! Jeder von uns möchte einmal ein anderer sein, etwas anderes tun. Es macht auch Spaß, sich einmal in einen anderen zu verwandeln. Deshalb verkleiden sich in diesen Tagen viele Menschen. Du hast uns geschaffen, wie wir sind. Jeder von uns spiegelt dich auf seine Weise.
Mach uns immer mehr zu deinem Ebenbild und senke die Freude darüber tief in unsere Herzen.

Darum bitten wir durch Jesus Christus, unseren Herrn.

Lesung 2 Kor 3,18 – 4,1

Evangelium Joh 15,9–12

Impuls Ich kenne eine Reihe von Menschen, die den Fasching nicht mögen. Sie können, so sagen sie, nicht auf Knopfdruck fröhlich sein; die professionellen Stimmungsmacher liegen ihnen nicht. Ich kann das gut verstehen, denn Freude kann man nicht verordnen. Es geht auch nicht darum, alles durch die rosarote Brille zu betrachten, die beschönigt, beschwichtigt, umfärbt. Dadurch wird letztlich vieles nur unter den Teppich gekehrt, und die Freude darüber, dass alles in Harmonie ist, ist im Grunde nur oberflächlich. Viele Dinge bereichern jedoch unser Leben. Dazu gehören sicher auch die Stimmungs- und Spaßmacher des Faschings, gehört das Gefühl, einmal ein anderer sein zu können, auszubrechen aus dem Alltag. Dazu gehören kleine Dinge, „Selbstverständlichkeiten", über die ich mich täglich freuen kann.

Beispiele nennen.

Dann aber auch wieder einmalige oder gar einzigartige Ereignisse.

Beispiele nennen.

Dazu gehört, dass wir uns gegenseitig Freude bereiten, dass wir miteinander so umgehen, dass es eine Freude ist.

Beispiele nennen.

Alle diese Freuden helfen uns, zum Grund aller Freude vorzudringen. Denn alle Freude gründet letztlich auf der Zusage Gottes: Ich bin da. Ich bin bei dir. Du kannst dich auf mich verlassen, auch wenn dir nicht nach Lachen zumute ist. Im Evangelium sagt uns Jesus, dass diese Freude bereits in uns angelegt ist. Er sagt uns auch, was wir dazu tun können, damit diese Freude in uns wächst: die Beziehung zu ihm pflegen. Christliche Freude endet daher nicht am Abend des Faschingsdienstages. Christliche Freude ist nicht Stimmungsmache, sondern Grundeinstellung. Sie prägt Tag für Tag unser Leben. Man sollte sie uns auch ansehen können. Damit wir darauf nicht vergessen, schauen wir öfters einmal in den Spiegel und fragen uns dabei kritisch: Schaut so ein Mensch aus, dessen Gott ein Gott der Freude ist?

Fürbitten

Wo Jesus Christus ist, ist kein Platz für Angst, Depression und Heuchelei. Wir bitten ihn:

- Für alle, die kaum mehr fröhlich lachen können.

Herr, du unsere Freude:

A Wir bitten dich, erhöre uns.

- Für alle, die eine Maske zum Selbstschutz aufsetzen.
- Für alle, die immer nur auf das Schlechte und Unvollkommene schauen.
- Für alle, die sich selbst nicht mögen.
- Für alle, die anderen Freude und Abwechslung schenken.

Herr Jesus Christus, deine Nähe schenkt uns Gelassenheit, Freude und Zuversicht. Dafür danken wir dir heute und alle Tage und in alle Ewigkeit.

Lied

GL 260,4–5

Falls die Kommunion gespendet wird, folgen jetzt das Vaterunser und die Vorbereitungsgebete.

Meditation

Ergreife das Lächeln, schenk es dem, der es nie gehabt hat.

Ergreife den Sonnenstrahl,
lass ihn fliegen dahin, wo die Nacht herrscht.

Entdecke das Leben,
erzähl es denen, die es nicht zu verstehen wissen.

Ergreife die Hoffnung
und lebe in ihrem Licht.

Ergreife die Güte
und schenk sie denen,
die nicht zu schenken wissen.

Entdecke die Liebe
und lass die Welt sie erkennen.

(Mahatma Gandhi)

Gebet

Herr, unser Gott! In dieser Feier haben wir neu verstanden, dass du für unser Leben die Freude bist, die nie vergeht. Dennoch erfassen uns immer wieder Mutlosigkeit, Angst und Leere. Gib, dass wir darin nicht versinken, sondern lass uns einander dabei helfen, die Freuden zu sehen, die uns immer wieder zufallen. Darum bitten wir durch Christus, unseren Herrn.

Segen

Es segne, behüte und bewahre uns Gott, der uns froh macht: der Vater, der Sohn und der Heilige Geist.

Lied

GL 267 (Nun danket all)

Zum Andenken erhält jeder einen kleinen Spiegel.

Aus Knüppeln eine Brücke bauen

Gottesdienst zur österlichen Bußzeit

Symbol *Gut sichtbar liegen einige Holzknüppel am Boden verteilt.*

Zur Eröffnung GL 295 (Wer nur den lieben Gott lässt walten)

Einführung Der Satz Jesu: „Wer sich selbst erhöht, wird erniedrigt werden!“ ist zum Sprichwort geworden. Er trifft uns an einer empfindlichen Stelle: an unserem Urteilen über andere und damit an unserer Selbsteinschätzung und an der Einstellung, „in unserem Alter“ keine Fehler mehr zu machen. Die österliche Bußzeit macht uns aber darauf aufmerksam, dass keiner von uns ohne Fehler ist, dass er sich selbst und anderen Menschen immer wieder Knüppel vor die Füße legt. Manchmal fallen wir aber auch über unsere eigenen Knüppel. In dieser Feier wollen wir auf unser Leben schauen und auf die Knüppel, mit denen wir uns selbst und anderen das Leben schwer machen und die uns den Weg zu Gott verstellen. Wir beten miteinander:

Psalm Ps 51 (GL 190)

Gebet Barmherziger Gott! Du liebst uns und möchtest, dass unser Leben ein Spiegel deiner Liebe ist. Du weißt aber auch, dass wir schwache Menschen sind, die immer wieder in ihre Fehler zurückfallen. Wir vertrauen uns deinem Erbarmen an. Es helfe uns zu erkennen, wie es um uns steht, aber auch, auf dem Weg des Guten voranzuschreiten. Darum bitten wir durch Jesus Christus, unseren Herrn.

Lied GL 165 (Sag ja zu mir)

Evangelium Lk 18,9–14

Impuls Jeder von uns ist davon überzeugt, alles gut zu machen, vielleicht sogar besser als die anderen. In Wirklichkeit ist es doch eher so, dass dem einen dieses, dem anderen jenes mehr oder weniger gut gelingt, dass wir alle sowohl Fehler haben als auch Fehler machen und trotz allen guten Willens immer wieder in Eigenheiten, Angewohnheiten und alte Denkmuster zurückfallen. Dadurch machen wir uns das Leben schwer, legen wir uns Knüppel in den Weg, deshalb überfallen uns immer wieder Depressionen, Ängste, seelische Tiefs. Gut und ohne Fehler ist immer nur einer – Gott. Durch seine deutlichen Worte hat Jesus den Menschen damals vor Augen geführt, wie es wirklich um sie steht. Er sagt sie jetzt auch uns – nicht, um uns dadurch noch mehr zu belasten, sondern dass wir ein Leben führen können, das möglichst frei von Belastungen ist. Nur Fehler, um die wir wissen und denen wir uns stellen, können wir vermeiden, zumindest können wir daran arbeiten, dass wir mit ihnen einigermaßen leben können. Er hilft uns dabei und ergänzt, was wir aus eigenen Kräften nicht schaffen.

Besinnung Gott spricht durch unser Gewissen zu uns. Er möchte uns mahnen, aber auch ermutigen. Ohne Scheu können wir uns daher fragen:
Womit schlage ich mich immer wieder herum? Welche Knüppel lege ich anderen und mir selbst in den Weg? Über welche Schwächen, Fehler und Mängel stolpere ich immer wieder? Hier einige Beispiele:

Bei jedem Mangel einen Knüppel aufheben, allen zeigen und unter ein Kreuz legen.

Ein Mangel heißt: Resignation –
vor den Anforderungen, die sich mir stellen,
vor den Fehlern meiner Vergangenheit,
vor der heutigen Zeit.

Ein anderer Mangel heißt: Wegschauen –
den anderen nicht wahrnehmen,
nur die eigenen Probleme gelten lassen,
der Verantwortung für mein Leben und meine Zukunft aus dem Weg gehen.

Ein anderer Mangel ist: Kleinglaube –
Vordergründiges und Zweitrangiges wichtiger nehmen als ihnen zukommt,
Gott zum Lückenbüßer für die eigenen Versäumnisse und Probleme machen,
von ihm nicht mehr erwarten, als ich selbst kann.

Ein weiterer Mangel: Hoffnung ersticken –
sich selbst nichts mehr zutrauen und zubilligen,
durch immerwährende schlechte Laune schlechte Stimmung verbreiten,
durch dauerndes Nörgeln und Jammern Depressionen verstärken.

Noch ein Mangel: Nur Negatives sehen –
am anderen nichts Gutes lassen,
an sich selbst nur Fehler und Unvermögen sehen,
die Vergangenheit glorifizieren und über die Gegenwart lamentieren.

Wissen wir noch um weitere Schwächen, Eigenschaften, Fehler, die uns belasten oder durch die wir andere belasten?

Die restlichen Knüppel werden zu den anderen gelegt.

Betrachtung Immer wieder spüre ich,
dass ich zwei Seiten habe:

eine Seite, die sich für das Gute einsetzt,
und eine andere, die das tut,
was ich eigentlich nicht tun will;

eine Seite, die für andere da sein möchte,
und eine andere, die nur an sich denkt;

eine Seite, die sagt: Du bist o. k.,
und eine andere, die sagt: Du bist unmöglich;

eine Seite, die sich bemüht zu sein,
wie sie sein sollte,
und eine andere,
die nicht aus ihrer Haut heraus kann;

eine Seite, die Gottes Wort annehmen möchte,
und eine andere, die sich davon überfordert fühlt.

Mit beiden Seiten wende ich mich dir, Gott, zu:

Ich wende mich dir zu mit meinen Ungereimtheiten
und Unverständlichkeiten,
mit meinen Ängsten und Bedenken.

Ich wende mich dir zu mit meinem Unvermögen
und mit meinen Grenzen, mit meinen Hoffnungen
und mit meinem guten Willen.

Ich wende mich dir zu, nehme deinen Ruf an
und lasse mich ein auf das Abenteuer mit dir.

Dann wird dein Horizont zu meinem Horizont,
Dein Anliegen zu meinem Anliegen,
Deine Einstellung zu meiner Einstellung.

Dann kannst du mit uns die Welt ändern.

Schuldbekenntnis

Ich bekenne …

Vergebungsbitte

Friedensgruß Wir haben alle Knüppel – die Knüppel, über die wir stolpern, die Knüppel, die wir einander in den Weg legen, die Knüppel, über die wir andere fallen lassen – unserem Herrn vor die Füße gelegt. Die Knüppel, die ihm in den Weg gelegt wurden, wurden ihm zum Kreuz. Für uns aber ist sein Kreuz eine Brücke, über die wir aufeinander zugehen können.

Die Knüppel neu so legen, dass sie eine Brücke andeuten.

Eine Brücke des Glaubens, der Wertschätzung, der Hoffnung und der Liebe. Es ist die Brücke, die Gott uns baut, damit wir über Untiefen, Abgründe und Engpässe gehen können. Der Grundstein dieser Brücke aber ist der Friede Christi, den wir uns jetzt wünschen.
Der Friede des Herrn sei allezeit mit euch!

Danklied Ein Danklied sei dem Herrn (GL-Diözesananhänge)

Gebet Herr Jesus Christus! Wir danken dir für die Worte, die du an uns richtest. Wir danken dir, dass wir mit deiner Hilfe rechnen können, wenn wir jetzt wieder – voll guter Vorsätze und in der besten Absicht – in unseren Alltag zurückgehen. Vollende das gute Werk, das du selbst in uns begonnen hast, heute und alle Tage bis in Ewigkeit.

Segensbitte Gott, lass über uns dein Angesicht leuchten! Lass uns leben in deiner Gnade, in deinem Frieden und in deiner Liebe! Schenke uns und allen, die uns verbunden sind, deinen Segen!

Lied GL 637 (Lasst uns loben, freudig loben)

Gottes Überraschungen

Österliche Wort-Gottes-Feier

Symbol *Osterkerze, kleinere Kerzen*

Zur Eröffnung GL 262 (Nun singt ein neues Lied dem Herren)

Einführung Sie kennen in Ihrem Leben sicher Situationen, in denen alles verfahren und aussichtlos erscheint. Wie haben Sie darauf reagiert? Vielleicht so: erst alles hinwerfen, mit nichts und niemandem etwas zu tun haben wollen. Nach einer Pause aber begannen die Versuche, die Situation zu akzeptieren und das Beste aus ihr zu machen.
Den Frauen, die sich am Ostermorgen zum Grab Jesu aufmachten, erging es zunächst so. Doch ihr Bemühen, aus einer hoffnungslosen Situation noch etwas zu machen, endete für sie völlig unerwartet.
Können Sie auch diese Erfahrung nachvollziehen? Ausweglos erscheinende Situationen gehen anders aus, als man denkt. Ein schöner Zufall? Oder können wir sagen: „Gott sorgt immer wieder für Überraschungen!“? Die Osterzeit ist eine Zeit der Überraschungen.

Christus-Rufe Herr Jesus Christus, du hast deinen Jüngern, die am Ende waren, die Augen geöffnet. Zu dir rufen wir: Herr, erbarme dich.
Du bist bei den Lebenden, nicht bei den Toten. Zu dir rufen wir: Christus, erbarme dich.
Bei denen, die dich lieben, führst du alles zum Guten. Zu dir rufen wir: Herr, erbarme dich.

Gebet Herr unser Gott! Der Tod deines Sohnes Jesus Christus am Kreuz war für seine Jüngerinnen und Jünger eine Glaubensprobe. Seine Auferstehung wurde zum Erweis deiner Macht, Aussichtsloses zu einem guten Ende zu bringen. Im Auf und Ab unseres Lebens vergessen wir dies oft. Wir bitten dich daher: Festige in uns diesen Glauben und lass ihn uns immer mehr zum Fundament unseres Lebens werden! Dies gewähre uns durch Christus, unseren Herrn.

Lesung Röm 8,27–29

Antwortgesang GL 223 (Wir wollen alle fröhlich sein)

Evangelium Lk 24,1–12

Impuls Für die Frauen, die Jesus nachfolgten, nehmen die Schrecken kein Ende. Am Karfreitag ist Jesus gestorben. Er wurde begraben und mit ihm wohl auch alle ihre Hoffnung. Nun, da sie sich jetzt mit der neuen Situation arrangiert haben und sich darauf besinnen, was sie noch tun können, eine neue Schreckensnachricht! Der Leichnam Jesu, von dem sie in aller Form Abschied nehmen möchten, ist verschwunden. Sein Grab ist leer! Statt des toten Jesus sehen sie unbekannte Männer, die ihnen eine unglaubliche Botschaft sagen: Jesus lebt, er ist auferstanden! Wie reagieren die Frauen? Sie laufen weder vor ihrem Schmerz davon, noch vor den unbekannten Boten und deren unglaublicher Botschaft. Sie denken nach und halten die angespannte Situation aus. Dadurch aber werden sie empfänglich für Neues, unmöglich Erscheinendes.

Wir kennen solche Situationen. Oft genug haben wir sie erlebt. Wir sind wie gelähmt nach einer schrecklichen Nachricht. Wir fürchten uns vor einem unangenehmen Ereignis. Wir lassen uns von Sorgen begraben. Was sagen uns die Frauen vom Ostermorgen? Stell dich dem Unvermeidlichen! Lauf ihm nicht davon, sondern schau ihm ins Auge!

Überlege dir: Was ist trotz allem möglich? Aus dem Trotzdem erwächst Energie, erwächst Leben. Leben aber kommt vom lebendigen Gott. – Wo in Ihrem Leben hat Gott einmal für eine überraschende Wende gesorgt?

Lobpreis nach dem Evangelium

In aller Frühe gingen die Frauen zum Grab. Halleluja, halleluja.

A Halleluja, halleluja.

Sie suchten den toten Jesus und fanden den lebendigen Christus. Halleluja. Halleluja

Den Jüngern brachten sie die Botschaft von seiner Auferstehung. Halleluja, halleluja.

Bitte und Dank

Bei jeder Bitte wird eine Kerze zur Osterkerze gestellt, aber noch nicht angezündet.

Wir sind offen für die Überraschungen, die Gott für uns bereithält und bitten ihn:
Hilf uns, aufzustehen aus unseren Ängsten!

A Hilf uns, auferstandener Herr!

Hilf uns, aufzustehen aus unseren Grenzen!
Hilf uns, aufzustehen aus unserer Schuld!
Hilf uns, aufzustehen aus unserer Blindheit!
Hilf uns, aufzustehen aus unserer Unruhe!
Hilf uns, aufzustehen aus unserer Kälte!
Hilf uns, aufzustehen aus unserer Enge!
Hilf uns, aufzustehen aus unserem Dunkel!
Hilf uns, aufzustehen aus unserer Schwermut!

Auferstandener Herr, schenk uns von deiner Kraft und von deinem Leben. Wenn du uns aufstehen hilfst, dann können wir aufeinander zugehen.

A Dafür danken wir!

Nach jedem Dank wird eine Kerze angezündet.

Wenn du uns aufstehen hilfst ...
... können wir vergeben!
... verstehen wir die anderen!
... finden wir Frieden!
... vermitteln wir Geborgenheit!
... helfen wir anderen weiter!
... finden wir innere Ruhe!
... können wir staunen!
... werden wir dankbar!
... strahlen wir Hoffnung aus!

Auferstandener Herr, du schenkst uns von deiner Kraft und von deinem Leben. Dafür danken wir, heute und in alle Ewigkeit.

Gebet Lebendiger Gott! Die Auferstehung unseres Herrn Jesus Christus schenkt uns allen neue Kraft. Sie möge uns immer wieder motivieren und dein Licht dorthin tragen lassen, wo niemand mehr mit einer Wende zum Guten rechnet. Segne dazu uns und unser Bemühen, der du lebst und herrschest in Ewigkeit.

Segensbitte Der Segen des Vaters begleite uns.
Der Segen Jesu Christi, des Auferstandenen, stärke uns.
Der Segen des Geistes führe uns.
So segne uns der dreifaltige Gott: der Vater ...

Lied GL 227 (Danket Gott, denn er ist gut)

Jesus begleitet uns

Eucharistiefeier zur Emmausgeschichte

Zur Eröffnung Zwei Jünger gingen (Liederbücher)

Einführung Als Kind haben wir erlebt, wie wichtig es ist, auf einem Weg begleitet zu werden. Auch später hat es uns gut getan, nicht immer allein gehen zu müssen. Als ältere Menschen schätzen wir es, wenn uns jemand auf einem Weg begleitet, vielleicht sind wir auf eine Begleitperson sogar angewiesen. Oft vergleichen wir unser Leben mit einem Weg. Auch auf diesem Weg haben uns Menschen – zumindest ein Stück weit – begleitet. Wir konnten uns mit ihnen austauschen, konnten Überlegungen anstellen, Rat holen, Freude und Leid teilen. Auch jetzt sind Menschen an unserer Seite. Unser ständiger und verlässlichster Wegbegleiter aber ist Jesus. Zu ihm rufen wir:

Kyrie-Rufe Herr Jesus Christus, wir fühlen uns oft alleine und suchen nach einem Begleiter: Herr, erbarme dich!
Wir fühlen uns oft unverstanden und warten auf jemanden, der versteht: Christus, erbarme dich!
Wir warten auf dich, doch du bist schon längst in unserer Nähe: Herr, erbarme dich!

Gebet Lebendiger Gott! Du hast es zwar immer gesagt und getan, doch wir wollen es oft einfach nicht glauben: In Jesus gehst immer mit uns. Um uns in diesem Glauben neu zu bestärken, sind wir heute zusammengekommen. Wir wollen dein Wort hören und das Brot brechen, in dem er unter uns gegenwärtig ist. Öffne unsere Ohren und unsere Herzen, damit wir nicht nur hören, was du sagst, sondern es auch aufnehmen und daraus leben. Darum bitten wir durch ihn, Christus, unseren Herrn.

Hinführung zur Lesung

Wer eine Wegstrecke gegangen ist, bleibt gerne stehen und blickt zurück. Wer einen anderen auf etwas aufmerksam machen oder zum Nachdenken anregen möchte, lädt ihn ein zurückzuschauen. Ein Rückblick zeigt Zusammenhänge auf, lässt Einflüsse und Fügungen erkennen. In der Lesung fordert Mose die Israeliten zu einem Rückblick auf ihren Weg mit Gott auf. Manches, was ihnen einmal unverständlich gewesen ist, erweist sich darin als ein Sorgen Gottes für die Menschen.

Lesung Dtn 8,2–6

Antwortgesang

Ich habe gesungen hinein in die Nacht (Liederbücher)

Halleluja Brannte uns nicht das Herz, als der Herr unterwegs mit uns redete und uns den Sinn der Schrift erschloss?

Hinführung zum Evangelium

Im Evangelium hören wir von zwei Menschen, die durch ein einschneidendes Ereignis die Orientierung für ihr Leben verloren haben. Im Gespräch mit einem Dritten gelingt es ihnen, die Zeit, die ihnen für ihr Leben verloren erscheint, in einem neuen Licht zu sehen. Dieser Dritte – Jesus – geht auch mit uns.

Evangelium Lk 24,13–35

Impuls Wir alle kennen Situationen in unserem Leben, die uns vor die Frage stellen: Warum muss das so sein? Warum muss ein junger Mensch schwer krank werden? Warum muss ein Mensch, den wir lieb haben, den wir brauchen, sterben? Warum …? Mit dieser Frage schlugen sich auch die Emmausjünger herum. Sie hatten ihr Leben auf Jesus aufgebaut.

Nun stehen sie vor einem Trümmerhaufen. Sie mussten geradezu in eine Depression verfallen. Wie schwer hat es da ein Mensch, der in einer solchen Situation allein ist! Im Evangelium aber heißt es: „Sie gingen zu zweit und sprachen miteinander über alles." Obwohl die beiden alles aufgeben mussten, ihre Freundschaft haben sie nicht aufgegeben! Nichts hilft jetzt mehr als das Gespräch mit einem Freund, mit dem man über alles reden kann. Wo aber Freunde über das, was sie betroffen macht oder vor Rätsel stellt, miteinander reden, da ermöglichen sie es – bewusst oder unbewusst – Jesus, sich in ihr Gespräch einzumischen. Er interessiert sich zunächst für ihre Probleme und Gedanken. Dann aber führt er ihre Sichtweise weiter, erweitert er ihren Blickwinkel, so dass sie den tieferen Sinn des Geschehens erkennen.

Was sagt uns diese Geschichte? Einmal: Das Gespräch suchen, auch und vor allem über Dinge, die wir zunächst nicht verstehen. Ältere Menschen tun sich damit vielleicht schwerer, weil sie zwar den Katechismus lernen mussten, aber nicht gelernt haben, den Glauben zu reflektieren. Weiter: im Gespräch bleiben. Im Austausch von Meinungen, im Mitteilen von Gedanken, Erfolgen oder Enttäuschungen eröffnen sich neue Sichtweisen und Wege, ist Jesus am Werk. Er sagt dann auch mir: Lass Unvermeidliches geschehen. Halte aber unbeirrt im Glauben durch. Ich gehe mit dir. Wo ich bin, hat alles Böse, Schlechte und Unbegreifliche keine Chance. – Da sollte doch auch unser Herz für ihn schlagen!

Fürbitten Unser Herr Jesus Christus begleitet unseren Weg, er begleitet aber auch unser Bemühen, andere auf ihrem Weg zu begleiten. Wir bitten ihn: Sei Hilfe und Halt.

- Wir bitten für alle, die sich uns anvertrauen und die von uns ein gutes Wort erwarten.

A Sei Hilfe und Halt.

- Für alle, die sich alleine und auf sich selbst gestellt fühlen.
- Für alle, die misstrauisch sind und den Glauben an das Gute verloren haben.
- Für alle, die wir enttäuschen, weil auch wir nur Menschen sind.
- Für uns selber, dass wir den Blick für deine Nähe immer bewahren.

Herr Jesus Christus, du bist immer für uns da. Wir wollen deine Gesinnung übernehmen und denken und handeln wie du. Dir sei Ehre in Ewigkeit.

Gabengebet Guter Gott, die Gaben, die wir bereiten, sind Zeichen für deinen Sohn, der alle Wege mit uns geht und sich für uns hingegeben hat. Er möge uns davor bewahren, immer nur auf das Misslungene zu schauen, und uns helfen, das Gute zu entdecken. Darum bitten wir durch ihn, Christus, unseren Herrn.

Meditation *„Und er öffnete ihnen die Augen für die Schrift …“*
… für die Handschrift Gottes.
Wie Analphabeten schütteln wir den Kopf
vor deinen Hieroglyphen.
Mein Lebenslauf ist schwer zu entziffern.
Mein Gott, manchmal denke ich,
dir sind arge Schreibfehler unterlaufen.
Die Sätze sind unlogisch.
Falsche Personen zur falschen Zeit.
Einiges kann ich lesen.
Manches nur buchstabieren.
Der Sinn bleibt mir verborgen.
Meine große Hoffnung:
Jede Biografie kommt aus deiner Feder!
Und keine ist schon fertig geschrieben.

Schlussgebet Lebendiger Gott! In dieser Feier ist uns wieder bewusst geworden, dass du immer für uns da bist. Im Bewusstsein deiner Nähe gehen wir mit Mut und Vertrauen unseren Weg und bitten dich: Lass uns für deine Nähe dankbar sein – heute und alle Tage und in alle Ewigkeit.

Segenswort Gott, der Vater, sei unser Halt.
Jesus sei unser Begleiter.
Der Geist sei unser Helfer.
So segne uns der treue Gott: der Vater …

Lied Ja, freuet euch im Herrn (Liederbücher)

Maria, die Begnadete

Marienandacht

Vorbereiten *Marienbild, siebenarmiger Leuchter oder sieben Kerzen. Die Kerzen werden erst beim Kerzenritus angezündet.*

Zur Eröffnung GL 582 (O Maria, sei gegrüßt)

Einführung Wir grüßen heute die Gottesmutter Maria. Sie hat dem Wort Gottes ihr Ohr und ihr Herz geöffnet, es ihr ganzes Leben lang bewahrt und befolgt. Daher ist sie uns ein Beispiel.
Auch wir haben in unserem Leben oft Gottes Wort gehört. Wir fühlten uns von ihm angesprochen, haben uns ihm aber auch verschlossen. Wir bemühen uns zwar, danach zu leben, doch immer wieder bleibt es bei unserem guten Willen. In dieser Andacht denken wir darüber nach, was es heißt „begnadet" – ein Beispiel – zu sein.

Rufe Maria, Gottesmutter:
A Komm uns zu Hilfe!
Auf dich schauen wir:
Zu dir rufen wir.

Gebet Heilige Maria, dein ganzes Leben hast du dich darum bemüht, Gottes Willen zu erkennen und zu leben. Auch wir bemühen uns darum, fallen aber immer wieder in unsere Fehler zurück. Daher schauen wir auf dich. Von dir können wir lernen, dem Wort und dem Willen Gottes nichts vorzuziehen, denn die Wege, die er uns zeigt, führen zum Ziel. Wir bitten dich, unterstütze du unseren guten Willen und gib uns von deinem Glauben.

Danklitanei Heilige Maria:

A Wir danken dir!

Mutter Gottes:
Du hast den Ruf Gottes vernommen:
Du hast Gott dein Herz geöffnet:
Du hast dem Wort Gottes vertraut:
Du warst bereit für Gottes Willen:
Du stelltest dich in den Dienst Gottes:
Du bist unser Vorbild im Glauben:
Deine Treue ist für uns ein Beispiel:
Deine Bereitschaft ermutigt uns:
Du stehst uns in allen Lebenslagen bei:
Du öffnest uns für Gottes Ruf:
Du lässt uns nicht allein:
Maria, du zeigst uns Jesus:

Lied GL 588,1–2 (Sagt an, wer ist doch diese)

Evangelium Lk 2,16–19

Impuls Wenn wir von einem Menschen sagen, er sei ein „begnadeter Schriftsteller“ oder sie sei eine „begnadete Musikerin“, stellen wir die besondere Begabung dieses Menschen heraus und bewundern ihn wegen seines besonderen Talents. Auch von Maria sagen wir, sie sei begnadet. So hat sie der Engel angesprochen. „Du bist voll der Gnade“, sprechen wir im Ave Maria. Was ist mit den Worten, Maria sei „voll der Gnade“ gemeint? Gibt es einen Unterschied zwischen ihrer Begnadung und der Begnadung anderer Menschen?

Für den mit der Heilgen Schrift vertrauten jüdischen Hörer haben die Worte „Begnadung“ oder „Gnade finden“ eine besondere Bedeutung. Sie erinnern an drei Personen im Alten Testament, an denen sich die Gnade Gottes besonders erwiesen hat. Noach fand durch seinen Lebenswandel „Gnade vor den Augen Gottes“. Abraham erhielt von Gott die Zusicherung, dass ihm und Sara ein Sohn geschenkt würde und damit der verheißene Anfang eines großen Volkes.

Mose empfing von Gott alle Gnaden, die er für seinen Auftrag brauchte, Israel den Weg durch die Wüste zu führen. Die Anrede des Engels, Maria habe „Gnade gefunden", stellt diese in eine Reihe mit den Männern, ohne die Israel nicht zum Volk Gottes geworden wäre.
Worin liegt die Begnadung Marias? Maria sollte es Gott ermöglichen, als Mensch unter den Menschen zu wirken. Nachdem sie ihre Bedenken beiseitegelegt und in Gottes Plan eingewilligt hatte, wurde sie zu einem selbstbewussten Menschen. Voll Freude sang sie laut, dass Gott an ihr Großes getan habe, und freute sich darüber aus ganzem Herzen, auch wenn sie nicht ahnen konnte, was ihr Ja zu Gott für ihr Leben bedeuten würde. Sie war der festen Überzeugung, dass ihr Leben gelingt, was immer auch kommen möge, weil sie es Gott übergeben hat und sein Geist in ihr wohnt. An Maria können wir daher ablesen, was Begnadung bedeutet: von Gott in seine besondere Nähe gerufen zu sein, von ihm einen Auftrag zu erhalten, den kein anderer hat, und diesen in Treue und im Vertrauen auf Gottes Hilfe auszuführen. Begnadung bedeutet nicht, dass alles Bittere und Schwere vom Leben ferngehalten oder abgewendet ist, sondern dass das Leben trotz allem, was es beeinträchtigt, gelingt, dass auch seine bitteren Stunden auszuhalten sind, dass ihnen sogar ein Sinn zukommt, wenn wir unser Leben als Leben mit Gott verstehen.

Wie Gott Maria zu ihrer Lebensaufgabe geführt hat, möchte er alle Menschen den Weg führen, der ihrem Leben Sinn gibt. Dazu hat er jedem Talente und Fähigkeiten gegeben und jeden zu einer besonderen Aufgabe berufen, damit der ganze Leib Christi leben kann. Am Einzelnen liegt es, die je eigenen Fähigkeiten und Aufgaben herauszufinden. Er darf sich dann – wie Maria – über diese besonderen Begabungen und Fähigkeiten herzlich freuen und an dieser Freude auch andere teilhaben lassen, indem er sie einsetzt zum Nutzen und Wohl aller. Denn: Was von Maria ausgesagt wird, gilt nach der Überzeugung der Kirche für alle Christen. Jeden von uns hat Gott erwählt und mit seiner Gnade beschenkt. Wir nennen nun einige Beispiele, in denen Maria uns Vorbild ist und überlegen, mit welchen Gaben wir von Gott begnadet wurden.

Kerzenritus *Bei jedem Gedanken eine Kerze anzünden.*

1. Maria hat aufmerksam auf Gottes Wort gehört. Das Wort Gottes und Menschen, die danach leben, sind kostbar wie ein Licht.

2. Maria hat unerschütterlich geglaubt. Menschen, die ihren Glauben leben, sind kostbar wie ein Licht.

3. Maria ist immer mit Jesus gegangen; bis zum Kreuz hat sie ihn begleitet. Menschen, die andere begleiten, sind kostbar wie ein Licht.

4. Maria war dabei, als Jesus starb. Menschen, die anderen in schweren Stunden beistehen, sind kostbar wie ein Licht.

5. Maria hat zusammen mit den Jüngern gebetet. Menschen, die miteinander beten, sind kostbar wie ein Licht.

6. Maria wurde in den Himmel aufgenommen und lebt bei Gott. Auch wir werden in Gottes Nähe leben. Diese Verheißung ist für uns kostbar wie ein Licht.

7. Maria ist immer für uns da. Menschen, die für andere Menschen da sind, sind kostbar wie ein Licht.

Gebet Gegrüßet seist du, Maria

Aussetzung des Allerheiligsten

Lied GL 547,1–2 (Das Heil der Welt)

Fürbitten Maria hat sich ihr Leben lang bemüht, auf Gottes Wort zu hören, danach zu leben und im Glauben zu wachsen. Mit ihr zusammen wollen wir ihren Sohn, unseren Herrn, bitten:

- Für alle, die nach Gottes Willen suchen.

A Herr, erbarme dich, Christus, erbarme dich, Herr, erbarme dich.

- Für alle, die durch ihr Leben Glauben und Vertrauen wecken.
- Für alle, die den Weg zum Glauben noch nicht gefunden haben.
- Für alle, die sich in seelischer Not befinden.
- Für alle, die sich vor der Zukunft fürchten.
- Für alle, die sich neu um den Glauben bemühen.
- Für alle, die ihr Leben in den Dienst am Mitmenschen stellen.
- Für unsere Gemeinden und Gemeinschaften.
- Für alle, die uns aufgetragen haben, für sie zu beten.
- Für alle unsere Verstorbenen.

Herr Jesus Christus, du hast gesagt, wo zwei oder drei in deinem Namen beisammen sind, bist du unter ihnen. So bist du auch jetzt unter uns, hörst uns und sprichst zu uns. Dein Wort wollen wir annehmen, wir wollen es bewahren und danach leben – heute und alle Tage und in alle Ewigkeit.

Lied GL 547,3–4

Segensbitte Gott hat Maria reich gesegnet und sie uns zum Vorbild gegeben. Er segne auch uns und beschenke uns mit seiner Liebe und seiner Gnade: der Vater, der Sohn und der Heilige Geist.

Schlusslied GL 261 (Den Herren will ich loben)

So sende ich euch!

Gottesdienst zu Pfingsten

Vorbereiten *Text „Anregungen zu einem Gespräch mit dem Heiligen Geist“ zum Verteilen an alle.*

Zur Eröffnung GL 249 (Der Geist des Herrn)

Einführung Zu Pfingsten wird regelmäßig bedauert, dass dieses Fest immer weniger Menschen etwas sagt, dass der Heilige Geist der große Unbekannte der drei göttlichen Personen ist, dass man sich unter seinem Wirken nichts Konkretes vorstellen kann. Das mag viele Ursachen haben. Vielleicht ist auch die Lesung aus der Apostelgeschichte, der Pfingstbericht, daran mit Schuld weil die darin geschilderten Feuerzungen für heutige Ohren unwahrscheinlich klingen. Mit dem Evangelium tun wir uns da schon leichter. Es geht um Frieden, den Jesus den Jüngern zuspricht, und um ihre Sendung. Lassen wir uns von Jesus senden? Was bedeutet das für uns, von Jesus gesendet zu sein? Lassen wir es uns von ihm erklären, und rufen wir zu ihm:

Christus-Rufe Herr Jesus Christus, du kommst, wo Zweifel, Unsicherheit und Angst herrschen.
Herr, erbarme dich.
Du nimmst uns die Angst und schenkst uns Frieden.
Christus, erbarme dich.
Wo du bist, entstehen Freude und neues Leben.
Herr, erbarme dich.

Gebet Herr, unser Gott! Du weißt, dass wir schwache Menschen sind. Dennoch hast du uns berufen, dein Volk zu sein. Wir spüren, dass wir diese Berufung ohne den Beistand deines Geistes nicht leben können. Darum bitten wir dich: Erneuere uns immer wieder, damit wir dir in Treue und Wahrhaftigkeit dienen können. Dies gewähre uns durch Christus, unseren Herrn.

Lesung Apg 2,1–17

Antwortgesang GL 242 (Komm, allgewaltig heilger Hauch) *oder* Komm, o komm, du Geist des Lebens (GL-Diözesananhänge)

Evangelium Joh 20,19–23

Impuls Das Evangelium lenkt unseren Blick auf die Situation der Apostel am Osterabend. Die Apostel spüren, dass vieles nicht mehr so ist wie früher. Sie sind ratlos und können mit der neuen, veränderten Situation noch nicht umgehen. Wir kennen dieses Gefühl. Wir brauchen nur auf die Kirche zu schauen. Hier ändert sich vieles, was uns Sorgen macht und mit dem wir nicht umgehen können. Die Zahl der Katholiken schrumpft, die der Gottesdienstbesucher geht zurück, damit auch die Zahl der Kirchensteuerzahler und der Spender. Auf immer weniger Priester und Mitarbeiter in der Kirche kommt immer mehr Arbeit zu. An die Stelle der gewohnten Pfarreien treten neue Organisationsformen wie z. B. „Seelsorgeräume". So viele Umbrüche verführen geradezu, in die Vergangenheit zu blicken, in der scheinbar alles besser gewesen ist, sicherer, verlässlicher, konstanter. Die Apostel stecken in einer solchen Situation der Ungewissheit. Da kommt Jesus, nimmt ihnen die Angst und sendet sie. „Der Friede sei mit euch", sagt er, „was macht ihr euch Sorgen, was seid ihr so verzagt? Ich sende euch! Habt Vertrauen!" Auch die Lesung spricht eine solche Situation an. Petrus zitiert hier den Propheten Joël, der in einer verfahrenen Situation dem Volk Israel Mut gemacht und zu einer Aufbruchstimmung verholfen hat: „Eure jungen Männer werden Visionen haben und eure Alten Träume." Gerade alte Menschen haben hier viel zu sagen. Ihnen ist im Laufe ihres Lebens oft genommen worden, was ihnen lieb und vertraut war. Immer wieder mussten sie neu anfangen, setzten sie Visionen und Träume in die Tat um. Sie konnten es sich nicht leisten, auf Althergebrachtes zu starren, ständig zurückzuschauen und die Vergangenheit zum Maß aller Dinge zu machen. Sie waren oft gefordert, in der Stunde Null neu anzufangen und sich den Erfordernissen der Gegenwart und Zukunft zu stellen. So können sie glaubhaft machen, dass eine Zeit der Unsicherheit, der Erstarrung, des Umbruchs die Chance eines Neubeginns enthält, die sich auch ergreifen lässt, wenn man möchte. Jesus bringt den Aposteln die Chance eines neuen Anfangs. Im Evangelium zeigt er auch der Kirche von heute, wo ihre Chance liegt: Sich seinen Frieden schenken zu lassen, daraus zu leben und zu Versöhnung beizutragen. Dies zu tun, sendet er uns. Hier gibt es viel zu tun, und hier können wir viel tun, angefangen bei uns selber bis hin zu unseren Aufgaben in Kirche und Welt.

Fürbitten Wenn wir ohne den Geist Gottes versuchen, den Glauben zu leben, wird dieser bald zur Routine, wird krank und kraftlos. Wenn die Welt ohne den Geist Gottes lebt, dann wird es auf ihr unmenschlich, kalt und grausam. Darum lasst uns zum Herrn beten:

- Um den Geist, der eingibt, was gut und nützlich ist:

A Herr, höre uns.

- Um den Geist, der neue Horizonte eröffnet:
- Um den Geist, der von kurzsichtigem Denken befreit:
- Um den Geist, der hilft, deine Botschaft zu hören, wie du sie meinst:
- Um den Geist, der Egoismus und Intoleranz wegnimmt:
- Um den Geist, der Mut und Selbstvertrauen bewirkt:

- Um den Geist, der hilft, zwischen Haupt- und Nebensache zu unterscheiden:

Herr Jesus, für vieles, was wir mit gutem Willen versuchen, reicht unsere Kraft nicht aus. Darum komm du uns zu Hilfe und erfülle uns immer mehr mit deiner Kraft. Darum bitten wir heute und alle Tage bis in Ewigkeit.

Falls die Kommunion gespendet wird, folgen jetzt das Vaterunser und die Vorbereitungsgebete.

Vaterunser Im Heiligen Geist können wir Gott „Abba, Vater" nennen. Wir beten, wie uns Jesus zu beten gelehrt hat: Vater unser …

Meditation Der Heilige Geist wirkt in mir. Darauf vertraue ich. Er verwaltet nicht meine Vergangenheit, sondern zeigt mir den Weg in die Zukunft. Das kann bedeuten, dass er mich aus eingefahrenen Gleisen herausreißt. Der Heilige Geist hilft, Fenster zu entdecken, wo ich nur Mauern sehe, Wege zu finden, wo ich mich verlaufen habe, Licht zu sehen, wenn ich im Dunkel irre. Er drängt mich, Türen aufzumachen, ohne dass ich kalkuliere, was geschieht. Viele Jahre meines Lebens hat mich der Heilige Geist begleitet und geführt. Er führt mich weiter, wenn ich auf ihn höre, ihm Raum gebe, mich ihm öffne. Das zeigt sich in den kleinen Dingen des Alltags: In der Treue zu den mir gegebenen Aufgaben, in der Geduld, die ich immer wieder aufbringe, in der Tapferkeit, mit der ich missliebige Situationen aushalte, in der Zuwendung anderer Menschen. Immer begleitet mich der Heilige Geist.

Gebet

Herr, unser Gott, du hast uns von der Fülle deines Geistes gegeben. Lass uns unsere Begabungen erkennen und nimm von uns, was uns daran hindert, sie in unserer Gemeinde, in Kirche und Welt einzusetzen. Wie du die Apostel gesandt hast, so sende auch uns dorthin, wo wir gebraucht werden. Darum bitten wir durch Christus, unseren Herrn.

Segensbitte

Gottes Geist leite unsere Gedanken, damit wir erkennen, was recht ist.
Gottes Geist erleuchte unsere Augen, damit wir sehen, was wir sehen sollen.
Gottes Geist gebe uns Kraft, dass wir unseren Platz ausfüllen können.
Dies gewähre uns der dreieinige Gott:
der Vater …

Schlusslied

GL 641 (Gleichwie mich mein Vater gesandt hat)

Anregung

zu einem „Gespräch mit dem Heiligen Geist"
Wo Gottes Geist ist, ist Leben, Fülle, Friede, Einklang, Harmonie in Vielfalt!

Was braucht es, damit ich mich wohl fühle?
Was bedeutet für mich „wohl fühlen"?

Wann fühle ich mich vom Leben ausgeschlossen?
Was geht dabei in mir vor?

Wo spüre ich Veränderungen?
Wie gehe ich damit um?

Sprechen Sie darüber mit dem Heiligen Geist!

Ewiges Licht leuchte ihnen

Totengedenken

Symbol *Osterkerze und Kerzen für die Verstorbenen*

Zur Eröffnung GL 661 (Den Menschen, die aus dieser Zeit)

Einführung „Das Ewige Licht leuchte ihnen“, diese Bitte richten wir immer wieder für unsere Verstorbenen an den Herrn. Die Osterkerze, die hier brennt, ist Zeichen dieses Lichtes, das wiederum Zeichen dafür ist, was wir für unsere Verstorbenen erhoffen: ewiges Leben, ewigen Frieden, Geborgenheit, eine Heimat, die niemand nehmen kann. Gott kann diese Wünsche erfüllen. Er fügt unserem Leben hinzu, was ihm noch fehlt.

Kyrie-Litanei GL 485 (Der in seinem Wort uns hält)

Gebet Gott, unser Vater! Wir denken an unsere Schwestern und Brüder, die während eines Jahres verstorben sind. Wir hoffen, dass sie jetzt im Reich deiner Liebe und Barmherzigkeit leben. Wir danken dir für die Hoffnung, die du uns durch dein Wort schenkst. Darauf wollen wir unser Leben bauen – heute und alle Tage und in alle Ewigkeit.

Hinführung zur Lesung

Die Lesung ist dem Brief des Apostels Paulus an die Römer entnommen. In diesen Versen stellt er heraus, dass Gott bedingungslos auf unserer Seite steht. Seine Liebe ist stärker als jede andere Macht, auch stärker als der Tod. Unsere Verstorbenen sind in seiner Hand.

Lesung Röm 8,32–35.37–39

Antwortgesang Ps 27; GL 719,1.2 (VV. 1–8)

Hinführung zum Evangelium

Die Worte Jesu an Marta gelten auch uns: „Ich bin die Auferstehung und das Leben. Glaubst du das?“

Evangelium Joh 11,21–27

Lied GL 656,1,4–5 (Wir sind nur Gast auf Erden)

Gedenken Während seines Lebensweges schaut jeder Mensch nach dem Licht. Licht bedeutet Orientierung, aber auch Ziel. Das Lied, das wir eben gesungen haben, spricht vom Glauben, dass Gott uns Menschen begleitet, dass er das Ziel ihres Weges ist. Er war hier auf Erden bei unseren Verstorbenen. Er hat sie nun dorthin geführt, wo ewiges Licht ist. Wir danken ihm und rufen:

Ruf GL 712,1 (Du führst mich hinaus ins Weite)

Wir zünden nun eine Kerze an und denken an …

Eine Kerze wird an der Osterkerze entzündet und aufgestellt.

Mit ihr/ihm rufen wir: Du führst mich …

Der nächste Name wird genannt und eine Kerze angezündet und der Kehrvers dazu gesungen. Dies geschieht so lange, bis alle Verstorbenen genannt sind. Ist die Zahl zu groß, werden die Namen nach dem Sterbemonat genannt und eine Kerze angezündet: Wir denken an alle, die im Januar verstorben sind, und danken für sie: N. N. Wir zünden eine Kerze an und rufen mit ihnen …

Gebet GL 791,3 (ab: „Wir danken dir, ewiger Gott. Du lässt uns Wohltaten empfangen …“)

Betrachtung Jesus Christus sagt:
Ich bin das Brot des Lebens. Wer zu mir kommt, wird nicht hungern, wer an mich glaubt, wird nicht mehr durstig sein.
Ich bin das Licht der Welt. Wer mir nachfolgt, wird das Licht des Lebens haben.
Ich bin die Tür. Wer durch mich eingeht, wird gerettet.
Ich bin der gute Hirt. Ich kenne die meinen, und die meinen kennen mich.
Ich bin die Auferstehung und das Leben. Wer an mich glaubt, wird leben, auch wenn er stirbt.
Ich bin der Weg, die Wahrheit und das Leben. Niemand kommt zum Vater, außer durch mich.

Vaterunser Liebender Gott, in Situationen, die uns tief bewegen, tut es gut zu wissen, dass du unser Vater bist, zu dem wir Vertrauen haben können. Mit den Worten, die uns Jesus gegeben hat, beten wir: Vater unser …

Gebet Lebendiger Gott! Wir danken dir für unsere Verstorbenen und für alles, was sie uns bedeuten. Lass wachsen und reifen, was sie gesät haben, und gib uns die Kraft, unseren Weg zu gehen, bis wir alle in deinem ewigen Licht wohnen. Darum bitten wir durch Christus, unseren Herrn.

Segen Der barmherzige Gott, der Gott und Vater unseres Herrn Jesus Christus, stärke uns.

A Amen.

Unser Herr Jesus Christus, der uns den Weg durch Leben und Tod vorausgegangen ist, begleite uns.

A Amen.

Der Heilige Geist, der durch seinen Atem lebendig macht, erfülle uns.

A Amen.

Das gewähre uns der dreieinige Gott: der Vater …

Schenken und sich beschenken lassen

Gottesdienst im Advent

Symbol *Geschenkpakete mit Aufschriften, passend zum Impuls*

Lied GL 106 (Kündet allen in der Not)

Einführung In den Tagen vor Weihnachten drehen sich viele unserer Gedanken um das Schenken. Ein Geschenk ist ein Zeichen der Zuneigung. Wir überlegen, wem wir eine Freude bereiten möchten, und suchen nach einem passenden Geschenk. Was aber, wenn wir keines finden oder nicht in der Lage sind, eines zu besorgen? Wir können uns an Jesus orientieren. Er ist das Geschenk Gottes an uns. Wenn wir auf ihn schauen, fallen uns Geschenke ein.

Kyrie-Rufe Herr Jesus, du bist das Geschenk Gottes an uns Menschen: Herr, erbarme dich.
Herr Jesus, dein Leben ist Vorbild für unser Leben: Christus, erbarme dich.
Herr Jesus, du schenkst uns, was wir brauchen: Herr, erbarme dich.

Gebet Herr, unser Gott! Wir gehen auf das Weihnachtsfest zu, an dem wir feiern, dass du dich an uns verschenkst. Deshalb möchten auch wir einander beschenken und Freude bereiten. Nicht immer ist es uns möglich, Geschenke zu besorgen. Doch Jesus hat gezeigt, dass wir vieles schenken können, was nicht um Geld zu kaufen, für die Menschen aber unendlich wichtig ist. Wir wollen jetzt auf ihn schauen und uns von ihm anregen lassen. Er möge uns die rechten Ideen eingeben und helfen, sie auch auszuführen. Darum bitten wir durch ihn, Christus, unseren Herrn.

Lesung Phil 4,18–20

Antwortgesang GL 107 (Macht hoch die Tür) *oder*
Ps 85; GL 123 (VV. 7–9.13)

Evangelium Lk 4,14–19.40

Impuls *mit Symbolen*

Geschenkpakete zeigen.

Im Evangelium haben wir gehört, was Jesus den Menschen schenkt: eine gute Nachricht, das Ende einer ausweglosen Situation, Licht, Orientierung, Heilung. Natürlich können wir keine Wunder wirken, doch manches können auch wir, wenn wir uns an ihm orientieren. Dann fällt uns sicher etwas ein, das wir schenken können. Geschenke, die kein Geld kosten, die aber Geschenke sind, die sich viele wünschen. Dazu einige Beispiele.

Wir gehen auf Menschen zu

Jesus ist auf die Menschen zugegangen und hat mit ihnen gesprochen. Offen und ehrlich hat er ihnen gesagt, was sie brauchen und was er denkt. Zurückhaltende und Schüchterne hat er ermuntert, Schönrednern die Wahrheit gesagt, Heuchlern einen Spiegel vorgehalten, Freud und Leid geteilt. Auch wir können das tun: gut zureden, ein anerkennendes Wort sagen, etwas richtig stellen, für jemanden Partei ergreifen, eine positive Nachricht verbreiten. Wir können Menschen, die ihre Wohnung nicht verlassen können, anrufen und ihnen dadurch zeigen, dass sie nicht vergessen sind.

Wir schenken Versöhnung

Oft zerbrechen wegen einer Kleinigkeit alte Freundschaften oder geht ein lang gepflegter Kontakt verloren. Bisher gute Freunde stehen sich unversöhnlich gegenüber. Wir wissen, dass Versöhnung ein großes Anliegen Jesu war. Wir machen die ersten Schritte und gehen auf den anderen zu. Wir klären ein

Missverständnis auf, stellen ein Vorurteil richtig, versuchen zu vermitteln, bereiten jemandem eine Freude, der nicht damit rechnet.

Wir schenken Zeit
Jesus hat sich für die Menschen Zeit genommen, ihnen dadurch vermittelt, dass sie wichtig und wertvoll sind, und ihnen damit ein kostbares Geschenk gemacht. Jemandem Zeit schenken ist mehr wert als Geld: jemandem zuhören, der sein Herz ausschütten möchte, einen kleinen Umweg machen, um jemanden zu begleiten, jemanden zu besuchen. Mancher freut sich über eine Einladung, einen gemeinsamen Spaziergang, einen miteinander verbrachten Sonntag!

Wir schenken Anteilnahme
Jesus ist den Menschen nicht aus dem Weg gegangen, sondern hat sich zu ihnen gesetzt, mit ihnen gegessen und getrunken, mit ihnen gefeiert. Er hat an dem Anteil genommen, was sie gerade beschäftigt. So können auch wir auf Menschen zugehen und uns für ihr Leben interessieren – und dabei vor allem auf jene achten, denen andere aus dem Weg gehen.

Wir schenken Hoffnung
Jesus hat den Menschen Hoffnung gemacht. So mancher unter uns weiß oft weder aus noch ein und sieht um sich herum nur noch das Dunkel. Wie Jesus können auch wir zuhören, helfen, Verständnis zeigen, motivieren, trösten und dadurch Niedergeschlagenheit und Traurigkeit lindern.

Wir schenken Gottvertrauen
Jesus hat immer auf seinen Vater vertraut. Sein Vorbild stärkt auch unser Gottvertrauen. Wir erzählen davon, dass wir Gottes Nähe immer wieder erfahren, dass er mit uns geht, dass er uns hört und hilft. Wenn seine Hilfe anders ist, als wir sie

uns vorstellen, können wir sicher sein, dass er weiß, was für uns gut ist. Das bewahrt uns vor Enttäuschungen.

Solche Geschenke können wir schenken, wünschen sie uns aber auch selbst. Der Apostel Paulus hat die Erfahrung gemacht – so haben wir in der Lesung gehört –, dass Gott ihn mit allem beschenkt, was er braucht. Er gibt uns die Gaben, die wir brauchen, um schenken zu können. Er gibt auch anderen die Gaben, die sie brauchen, um uns zu beschenken.

Fürbitten Unser Herr Jesus Christus ermuntert uns immer wieder zu vertrauensvollem Bitten. Wir empfehlen ihm jetzt:

- Alle Menschen, die sich vor dem Weihnachtsfest fürchten: Christus, höre uns.

A Christus, erhöre uns.

- Alle Menschen, die sich schämen, Wünsche zu äußern.
- Alle Menschen, die innere Leere durch viele Äußerlichkeiten verbergen.
- Alle Menschen, die anderen ein schönes Weihnachtsfest ermöglichen wollen.

Herr Jesus, du weißt, was wir brauchen, du schenkst uns deine Nähe und bringst uns die Liebe deines Vaters. Dir sei Ehre in Ewigkeit.

Lied GL 108,1–3 (Komm, du Heiland aller Welt)

Wenn die Kommunion gespendet wird, folgen jetzt das Vaterunser und die Vorbereitungsgebete.

Vaterunser Jesus hat dazu ermuntert, immer wieder zu beten und zu bitten. Dazu hat er uns auch ein Gebet geschenkt. Wir sprechen es jetzt miteinander in Dankbarkeit für Gottes Geschenke an uns.

Meditation Der Anlass all unserer Weihnachtsgeschenke ist Gott, der Mensch wurde. Gott hat uns nicht irgendetwas geschenkt, sondern sich selbst. Ist der Gedanke, sich selbst zum Geschenk zu machen, wirklich so abwegig? Ich kann mich selbst zum Geschenk machen, indem ich heute damit beginne, offener zu werden, bereiter, gütiger, liebenswürdiger, barmherziger, zugänglicher. Dabei vertraue ich darauf, dass Gott mich so ändern kann, dass ich immer mehr Geschenk werde.

Gebet Herr, unser Gott! Gib, dass wir nicht gedankenlos in den Tag hinein leben, sondern uns deines Kommens bewusst sind. Hilf uns, im Guten zu wachsen, und vollende das gute Werk, das du selbst in uns begonnen hast. Darum bitten wir durch Christus, unseren Herrn.

Segen Es segne und stärke uns der gütige Gott: der Vater, der Sohn und der Heilige Geist.

Lied GL 108,3–4

Absender:

____
Name, Vorname

____
Straße

____
PLZ, Ort

E-Mail: ______________________________

Alter: ______________________________

Beruf: ______________________________

Selbstverständlich behandeln wir Ihre Angaben vertraulich und nutzen sie ausschließlich für unsere interne Statistik.

Bitte freimachen.

Verlag
Friedrich Pustet
93008 Regensburg

Leben in Fülle: Die Botschaft des Christbaumes

Wort-Gottes-Feier in der Weihnachtszeit

Symbol *Christbaum, Lebkuchen für alle*

Einführung Weihnachten ist ein Fest, an dem wir uns gerne zurück erinnern: an unsere Kindheit, an die ungeduldig erwartete Feier mit den Eltern und Geschwistern, mit den eigenen Kindern. Wir wünschen uns, die Stimmung von damals wieder zu erleben. Weihnachten ist stark mit Gefühlen wie Liebe, Geborgenheit, Harmonie, Frieden verbunden. Geliebt, verstanden und geborgen sein ist es, was Gott uns zu Weihnachten zuspricht. Über die Hoffnung, die für uns mit Jesus in die Welt kommt, spricht unser Christbaum. Er erzählt auf seine Weise die Botschaft vom Licht und von der Fülle Gottes.

Kyrie-Rufe Herr Jesus, du Sohn des ewigen Vaters:
Kyrie eleison!
Du Licht, in unserem Dunkel erschienen:
Christe eleison.
Aus deiner Fülle empfangen wir alle Gnade:
Kyrie eleison.

Gebet Guter Gott! Jede Weihnacht erinnert uns an die Weihnachtstage früherer Jahre. Die Erinnerung an schöne Stunden von damals soll uns nicht den Blick darauf verstellen, dass die Botschaft des Weihnachtsfestes immer gültig ist: Du lässt uns nicht allein, du möchtest unser Glück. In dieser Feier soll uns dies wieder deutlich werden. Mach uns offen und empfänglich für diese Botschaft. Darum bitten wir durch Christus, unseren Herrn.

Lesung Jes 11,1–5

Antwortgesang Ps 98; GL 484,1.2 *oder* ein Weihnachtslied

Evangelium Joh 1,1–9

Impuls *Die Botschaft des Christbaumes*

1. Sprecher Der Christbaum gehört zu Weihnachten. Früher, als Christbäume wirklich erst zu Weihnachten und nicht schon Wochen vorher aufgestellt wurden, als noch nicht so viel Weihnachtliches in den Advent vorverlegt war wie heute, war seine Botschaft besser zu hören.

2. Sprecher Sie ist aber damals wie heute die gleiche. Es ist die Botschaft von Leben, Licht und der Fülle, die durch Jesus in die Welt kommt.

1. Sprecher Diese Botschaft veranschaulichen uns der Christbaum und der Christbaumschmuck.

2. Sprecher Im Evangelium haben wir über Jesus gehört: „In ihm war das Leben, und das Leben war das Licht der Menschen." (Joh 1,4)

1. Sprecher Der Baum, der im Winter, wenn die Natur abgestorben und grau ist, grüne Nadeln trägt, steht für Leben. Vor Jahrhunderten hat man ihn mit dem Zweig verbunden, der unerwartet aus der alten Wurzel Jesse austreibt. Es ist unglaublich: Aus einem Stück Holz, das kraftlos und abgestorben scheint, entsteht auf geheimnisvolle Weise neues Leben. Wenn Gott zu den Menschen kommt, blühen diese wieder auf!

2. Sprecher Der Christbaum sagt uns also: „Habt Hoffnung! Es bleibt nicht immer tot und grau um euch! Er verkündet die Botschaft Jesu, der sagt: „Ich bin gekommen, dass ihr Leben habt und es in Fülle habt!" (Joh 10,10)

1. Sprecher Die Engel singen bei der Geburt Jesu: Verherrlicht ist Gott in der Höhe, und auf Erden ist Friede bei den Menschen seiner Gnade. (Lk 2,14)

2. Sprecher Zum Christbaumschmuck gehören die Christbaumkugeln. Sie erinnern an die Weltkugel und sagen uns: Jesus ist da für die ganze Welt! Wo Menschen auf ihn hören, wird Friede. Menschen, die auf ihn hören, werden zu Menschen des Friedens.

1. Sprecher Engel verkündigen diese Freude den Menschen: Freut euch! Heute ist euch das Kind geboren, das euch aus aller Not rettet!

2. Sprecher Daher haben auch Engel ihren Platz am Christbaum. Sie rufen uns diese Freude wieder zu und erinnern uns daran: Jesus ist unser Retter.

1. Sprecher Jesus ist in Betlehem geboren. Betlehem heißt: Haus des Brotes. In der Form von Lebkuchen oder Oblaten zählte auch Brot zum Christbaumschmuck. Am Ende des Gottesdienstes verteilen wir Lebkuchen. Sie deuten auf Jesus hin,

2. Sprecher denn er sagt von sich: „Ich bin das lebendige Brot, das vom Himmel gekommen ist. Wer davon isst, wird ewig leben." (Joh 6,51)

1. Sprecher Überall am Christbaum sind Sterne zu sehen. Sterne leuchten am dunklen Himmel, sie machen die Nacht hell und zeigen den Weg.

2. Sprecher Die Sterne erinnern uns an ein anderes Wort Jesu: „Ich bin das Licht der Welt. Wer mir nachfolgt, wird das Licht des Lebens haben." (Joh 8,12)

1. Sprecher Im Evangelium haben wir gehört: „Jesus, das wahre Licht, das jeden Menschen erleuchtet, kam in die Welt." (Joh 1,9)

2. Sprecher Jesus, das wahre Licht – daran denken wir, wenn die Christbaumkerzen brennen. Wenn Jesus in die Welt kommt, wird sie hell. Alles Schlechte und Böse hat auf ihr keinen Platz mehr.

1. Sprecher Mit noch vielen anderen Dingen ist unser Christbaum geschmückt. Sie erinnern uns an die vielen Gaben und Geschenke, die Gott uns macht.

2. Sprecher Das größte Geschenk Gottes an uns ist Jesus. Auch das lesen wir im Evangelium: „Aus seiner Fülle haben wir alle empfangen Gnade über Gnade." (Joh 1,16)

1. Sprecher Wir geben unserer Freude Ausdruck und singen miteinander das Lied „O du fröhliche".

Lied O du fröhliche

Besinnung Jesus, ich glaube an deine Liebe zu mir.
Ich glaube, dass du mein Licht bist.
Ich glaube, dass du mit mir gehst.
Ich glaube, dass du mir immer wieder Kraft geschenkt hast.
Ich glaube, dass du mir immer wieder Kraft schenken wirst.
Jesus, du bist meine Freude.
Jesus, du bist mein Friede.

Fürbitten Bei der Geburt Jesu haben Engel den Frieden verkündet. Darum lasst uns beten und bitten:

- Herr Jesus Christus, schenke der Welt den Frieden, den nur du geben kannst.

A Wir bitten dich, erhöre uns.

- Sei bei allen, die sich um Frieden bemühen.
- Lass alle Menschen verstehen, dass nur dann Friede wird, wenn sie dir folgen.
- Gib allen Frieden, die nur Dunkelheit spüren.
- Nimm die Verstorbenen in deinen Frieden auf.

Herr Jesus Christus! Du rettest uns aus aller Not. Auf dich vertrauen wir, dir danken wir, dir singen wir heute und in alle Ewigkeit.

Vaterunser Wir beten zum Vater Jesu und zu unserem Vater: Vater unser …

Friedensgruß Wir wünschen uns den Frieden, den die Engel verkündet haben.

Gebet Gott, unser Vater. Dein Sohn Jesus Christus ist als unsere Freude in die Welt gekommen. Gib, dass diese Freude über ihn in uns lebendig sein. Darum bitten wir heute und alle Tage und in alle Ewigkeit.

Segensbitte Unser Gott und Vater, der Gott für die Menschen, geht mit uns.
Sein Sohn Jesus Christus, das wahre Licht, nimmt von uns alles Dunkel.
Der Heilige Geist, die unermüdliche Kraft Gottes, hilft und stärkt uns.
Dass wir dies nie vergessen, sondern daraus leben, dazu segne uns der Vater …

Abschluss *Lebkuchen werden an alle verteilt.*

Liedvorschläge
GL 132 (Es ist ein Ros entsprungen)
GL 135 (Singen wir mit Fröhlichkeit)
GL 143 (Nun freut euch, ihr Christen)
Liederbücher (O du fröhliche)
Liederbücher (Menschen auf dem Weg durch die dunkle Nacht)
Liederbücher (Stern über Bethlehem)

Gottesdienst feiern im Heim

Gottes Güte spüren

Berührungen, die halten und trösten

Symbole *Gegenstände, die sich angenehm anfühlen: Wollschal, Seidentuch, Kuscheltier, Hautcreme, Duftöl … und Gegenstände, die sich weniger angenehm anfühlen: rauer Stein, Kastanienschale …*

Einführung Für uns ist es ganz wichtig, dass wir uns wohl fühlen. Was brauchen wir dazu? Ein Zimmer, das gemütlich eingerichtet ist, Kleidung, die uns gefällt, gute Luft, ein schmackhaftes Essen, Menschen, die uns sympathisch sind. Da fühlen wir uns wohl, da blühen wir auf. Auch im Gottesdienst sollen wir uns wohl fühlen: zur Ruhe kommen, Kräfte sammeln, neue Eindrücke erleben, Gott nahe sein. Wir beten zu ihm:

Gebet Lieber Gott! Heute sind wir zusammengekommen, weil es schön ist, miteinander zu dir zu beten. Wir spüren, dass du für viele Menschen wichtig bist. Wir danken dir für alles, was uns gut tut und für alles, was unser Leben erleichtert. Vor allem danken wir dir für Jesus, deinen Sohn, der den Menschen immer wieder gesagt hat, dass du für uns da bist – heute und alle Tage und in alle Ewigkeit.

Evangelium Lk 6,17–19

Gespräch Mit unseren Händen können wir vieles: etwas berühren, jemanden streicheln, die Hand geben, jemandem zuwinken. Wir möchten auch immer wieder etwas berühren, das sich angenehm anfühlt: ein Seidentuch, einen Schal.

Gegenstände herumgehen lassen.

Von Dingen, die sich nicht so angenehm anfühlen, lassen wir lieber die Hände weg …

Stein, Kastanienschale … herumgehen lassen.

… und nehmen wieder die anderen.

Nochmals Schal, Stofftier …

Wir spüren auch, dass uns die Hautcreme gut tut, dass das Duftöl gut riecht.

Am Öl riechen lassen.

Viele Menschen wollten von Jesus berührt werden. Sie haben gespürt: wenn Jesus mir die Hand gibt, tut es mir gut. Es gibt auch bei uns Menschen, deren Nähe uns gut tut … Versuchen wir jetzt, einander die Hände zu geben und zu spüren: da ist jemand neben mir. Ich bin nicht allein.

Fürbitten

Gott ist bei uns. Durch viele Dinge können wir ihn spüren. Wir bitten ihn:

- Für alle Menschen, die Hilfe brauchen.

Gott und Vater:

A Wir bitten dich, erhöre uns.

- Für alle Menschen, die mit uns wohnen.
- Für alle Menschen, die eine gute Atmosphäre schaffen.
- Für alle Menschen, die sich um andere annehmen.
- Für alle Menschen, die andere trösten:

Für diese und ihre Anliegen bitten dich: Sei ihnen immer nahe und lass sie deine Güte spüren.

Vaterunser

Jesus hat gesagt, dass Gott auch unser Vater ist, der Vater, der sich um uns kümmert, der Vater, der möchte, dass es uns gut geht. Wir beten zu ihm: Vater unser …

Gebet Lieber Gott! Wenn wir uns wohl fühlen, dann spüren wir den Frieden, den du uns schenkst. Erhalte in uns diesen Frieden und lass uns von ihm weitergeben. Darum bitten wir dich durch Christus, unseren Herrn.

Segensbitte Der Herr, unser Gott, segne uns. Er nehme uns an den Händen, führe uns und bewahre uns vor allem Unheil: der Vater, der Sohn und der Heilige Geist.

Anschließend Einzelsegen – mit dem Duftöl ein Kreuz auf Stirn oder Hände zeichnen.

Liedvorschläge
GL 258 (Lobe den Herren)
GL 558 (Ich will dich lieben, meine Stärke)

Mein Herr und mein Gott!

Gottesdienst in der Osterzeit

Symbol *Statue des Auferstandenen oder Bild zum Evangelium, kleine Osterkerzen für die Gottesdienstbesucher, österlicher Blumenstrauß.*

Einführung Wir feiern Ostern. Die Frühlingsblumen sagen uns: In der Welt ist Leben.

Blumen zeigen, herumreichen und daran riechen lassen.

Das Bild des auferstandenen Jesus zeigt uns, woher das Leben kommt und wer das Leben in einer Welt ermöglicht, in der uns das Leben oft so schwer fällt.

Auf das Bild zeigen bzw. herumgeben.

Die Kraft Jesu bringt Leben in die Welt. Die Kraft Jesu ermöglicht uns, immer wieder aufzustehen und weiterzugehen. Durch die Kraft Jesu verliert sogar der Tod an Schrecken. Wir singen Jesus ein Halleluja:

Christus-Rufe GL 530,7 (Österliches Halleluja*), dazu die Verse:*
Herr Jesus, du bist auferstanden von den Toten.
Du rufst auch uns zum Leben.
Du bist bei uns alle Tage.

Gebet Guter Gott! Durch unseren Herrn Jesus Christus empfangen wir aus deiner Hand immer wieder Gutes. Daher können wir uns und unsere Zukunft dir anvertrauen. Seine Hand wird uns halten und durch alles Dunkel zu dem Leben führen, das niemand zerstören kann. Dafür danken wir dir, heute und alle Tage und in alle Ewigkeit.

Evangelium Joh 20,24–29

Gedanken zum Evangelium

Jesus geht auf Thomas zu, er ruft ihn mit seinem Namen und lässt sich von ihm berühren. Mit dem Namen angesprochen zu werden, bedeutet: Hier nimmt mich jemand ernst, ich bin für ihn ein Mensch, nicht irgendeiner, sondern ein ganz bestimmter. Wenn mich jemand ernst nimmt, dann bringe ich diesem Vertrauen entgegen. Ich kann bei ihm so sein, wie ich bin, kann mich bei ihm aussprechen, mich an ihn anlehnen, mit ihm über meine Ängste und Sorgen sprechen. Ich kann sicher sein, dass er mit mir geht und zu mir hält. Sicher hat Thomas nach dem Tod Jesu darüber nachgedacht, was ihm Jesus bedeutet, was er ihm zu verdanken hat. Als er den Auferstandenen sieht, an dem deutlich die Wunden zu sehen sind, die ihm das Leben zugefügt hat, spürt er, dass ihn Jesus auch weiterhin ernst nimmt und dass er mit ihm geht. Er spürt: Leiden, Angst, Wunden, Depression, Trauer sind zwar da, aber sie müssen mich nicht überwältigen. Jesus zeigt, dass man damit leben kann, und hilft, mit Verwundungen zu leben.

Glaubensbekenntnis und Kerzenritus

Wir bekennen unseren Glauben an Jesus, der uns hilft zu leben. Dazu zünden wir an der großen Osterkerze die kleinen Kerzen an, stellen diese zum Bild des Auferstandenen und sprechen: „Mein Herr und mein Gott, ich glaube!“

Das Anzünden und Aufstellen der kleinen Kerzen übernehmen ggf. Gottesdiensthelfer.

Fürbitten	Auferstandener und lebendiger Jesus! Wir bitten für uns und für alle Menschen: • dass du Kraft schenkst gegen Angst, gegen Schwermut, gegen Traurigkeit.
A	Wir bitten dich, erhöre uns. • dass du Kraft schenkst zum Mut, zum Selbstvertrauen, zur Freude. • dass du Kraft schenkst zu glauben, zu hoffen, zu lieben. Auferstandener und lebendiger Jesus, bleibe bei uns mit deinem Leben.
Vaterunser	Wir dürfen Gott unseren Vater nennen und zu ihm beten: Vater unser …
Gebet	Guter Gott, aus deiner Hand haben wir immer wieder Gutes empfangen. Auch in Zukunft wird deine Hand uns halten und durch alles Dunkel führen. Du schenkst uns Leben, das niemand zerstören kann. Darauf vertrauen wir, und dafür danken wir dir, Gott, heute und alle Tage und in alle Ewigkeit.
Segensbitte	Jesus ist bei uns. Jesus stärkt uns. Jesus hält uns. Der Segen des Auferstandenen begleite uns und alle, die uns verbunden sind, und alle, die für uns da sind. Gelobt sei Jesus Christus – in Ewigkeit. Amen.

Liedvorschläge

GL 220 (Das ist der Tag)

GL-Diözesananhänge (Freu dich, erlöste Christenheit)

Das Brot, von dem wir leben

Gottesdienst zu Fronleichnam

Vorbereiten *Sitzkreis, in der Mitte Tisch mit schönem Tuch, Blumenteppich, Kerzen und Kelch mit konsekrierten Hostien (ist in diesem Fall besser als eine Hostienschale).*

Einführung In diesen Tagen feiern wir Fronleichnam. Der Leib Christi wird in der Monstranz durch die Straßen getragen, Gottesdienste werden im Freien gefeiert. Straßen und Häuser sind geschmückt, Blumenteppiche werden gelegt … *(auf Blumen, Kerzen, Kelch verweisen, Gottesdienstbesucher einbeziehen!)* Die Menschen zeigen, dass sie mit Jesus verbunden sind. Auch wir sind jetzt mit Jesus verbunden. In der Gestalt des eucharistischen Brotes ist er unter uns. Wir rufen zu ihm:

Kyrie-Rufe Herr Jesus Christus, du bist das Brot, das vom Himmel gekommen ist: Herr, erbarme dich.
Du bist die Speise, von der wir leben: Christus, erbarme dich.
Du bist die Nahrung, die nie vergeht: Herr, erbarme dich.

Gebet Herr, unser Gott! Das Sakrament des Altares ist das Andenken an das Leiden und die Auferstehung Jesu Christi. Es sagt uns, dass du uns liebst und immer wieder stärkst. Wir danken dir dafür und für alle Zeichen, an denen wir deine Liebe und Nähe erkennen – heute und alle Tage und in alle Ewigkeit.

Evangelium Joh 6,48–51

Gedanken zum Evangelium

Hier vor uns steht ein Kelch. In diesem Kelch sind Hostien aufbewahrt. Hostien: das Brot, von dem Jesus im Evangelium gesprochen hat, das Brot, das er selbst ist. Gleich werden wir von diesem Brot essen. Unzählige Male in unserem Leben haben wir das schon getan. Oft haben wir auch gespürt, wenn wir von diesem Brot längere Zeit nicht essen, fehlt uns etwas. Dann fühlen wir uns nicht so, wie wir uns fühlen könnten. Jesus spricht das an, wenn er sagt: „Dieses Brot ist mein Fleisch für das Leben der Welt." Wer mit ihm in Verbindung ist, der fühlt sich gut. Die Verbindung mit ihm wollen wir daher immer wieder pflegen.

Lobpreis und Bitte

Wir lobpreisen Jesus für seine Worte und bitten ihn in den Anliegen, die uns bewegen:

Herr Jesus, du nimmst uns an deine Hand:
A Wir loben dich, wir preisen dich!
Du richtest uns auf:
Du verstehst uns:
Du lässt uns nicht allein.

Du hörst unsere Bitten:
Für alle, die hier leben:
A Bitten wir dich.
Für alle, die hier arbeiten.
Für alle, die hierher zu Besuch kommen.

Herr Jesus, du bist bei uns – heute und alle Tage und in alle Ewigkeit.

Vaterunser Jesus ist in der Brotgestalt unter uns. Er möchte zu uns kommen und uns stärken. Bevor wir ihn empfangen, beten wir, wie er uns zu beten gelehrt hat: Vater unser …

Kommunionspendung

Gebet nach der Kommunion

Seele Christi, heilige mich.
Leib Christi, erlöse mich.
Blut Christi, tränke mich.
Wasser der Seite Christi, wasche mich.
Leiden Christi, stärke mich.
O gütiger Jesus, erhöre mich.
Birg in deinen Wunden mich.
Lass nimmer von dir scheiden mich.
Vor dem bösen Feind beschütze mich.
In meiner Todesstunde rufe mich
und heiße zu dir kommen mich,
mit deinen Heiligen zu loben dich
in deinem Reiche ewiglich. Amen.

Gebet Herr unser Gott! Durch diese Feier haben wir neu verstanden, wie wertvoll wir für dich sind. Daher sehen wir mit neuen Augen in die Welt. Wir bitten dich: stärke und erhalte in uns diese Erkenntnis – heute und alle Tage und in alle Ewigkeit.

Segensbitte Gott, unser Vater im Himmel, beschütze uns in deiner Liebe und Güte. Amen
Jesus, unser Bruder, stärke uns gegen alles, was uns verwirrt und ängstigt. Amen.
Heiliger Geist, unser Beistand, hilf uns in allem, was wir denken und tun. Amen.
So segne uns und alle, die mit uns verbunden sind: der Vater …

Abschluss *Nochmals einladen, den Blumenteppich anzuschauen und dabei von Fronleichnam aus eigener Erfahrung zu erzählen. Dazu auch alte Fotos bereithalten.*

Liedvorschläge

GL 472 (O Jesu, all mein Leben bist du)
Deinem Heiland, deinem Lehrer (GL Diözesananhänge)
Kommt und lobet ohne End (GL-Diözesananhänge)

Gott, unsere Sonne

Gottesdienst im Sommer

Symbol *Sonnenblume; Sonnenblumenkerne, Sonnenblumenöl, -margarine, -brot, Schale mit Erde. Die Symbole sind als gestaltete Mitte aufgebaut.*

Einführung Wir kommen wieder zu unserem gemeinsamen Gottesdienst zusammen. Viele haben schon darauf gewartet. Wir stimmen uns ein mit einem gemeinsamen Lied.

Lied *Ein bekanntes Lied singen.*

Heute, an diesem Sommertag, wo die Sonne so schön scheint, wollen wir uns Gedanken machen über Gott, der für uns wie eine Sonne ist. Sie sehen hier in der Mitte Sonnenblumen und Lebensmittel, die aus Sonnenblumen gewonnen werden. Sie können unsere Gedanken und unser Gebet unterstützen.

Gegenstände herumzeigen; dabei ins Gespräch kommen.

Gebet Herr, Gott, es ist einfach schön, eine Sonnenblume anzuschauen.

Sonnenblume zeigen.

Wir staunen über ihre Größe, bewundern ihre Blüte und freuen uns über ihre leuchtenden Farben.

Brot, Ölflasche … zeigen.

Aus ihr lässt sich vieles herstellen, was wir zum Leben brauchen.

Sonnenblumenkerne zeigen.

Dies alles entsteht aus einem kleinen Kern.

Gott, du hast diese Sonnenblume geschaffen. Wir freuen uns darüber. Alles Schöne auf der Welt und alles, was wir zum Leben brauchen, kommt von dir. Dafür loben wir dich, und dafür danken wir dir. Heute und alle Tage und in alle Ewigkeit.

Lesung Die Himmel rühmen die Herrlichkeit Gottes, vom Werk seiner Hände kündet das Firmament. Dort hat er der Sonne ein Zelt gebaut. An einem Ende des Himmels geht sie auf und läuft bis ans andere Ende; nichts kann sich vor ihrer Glut verbergen. – Die Weisung des Herrn ist vollkommen, sie erquickt den Menschen. Das Gesetz des Herrn ist verlässlich, den Unwissenden macht es weise. (Ps 19)

Wechselgebet Wir lobpreisen Gott, der uns die Sonne schenkt, die Blumen und alles, was wir zum Leben brauchen. Nach jedem Satz sprechen wir: Wir loben dich, wir preisen dich.

Herr, unser Gott,
du hast alles geschaffen, was uns Freude bereitet:
A Wir loben dich, wir preisen dich.
Die Sonne zeigt uns deine Größe: Wir …
Das Licht zeigt uns deine Liebe.
Die Blumen zeigen uns deine Schönheit.
Die Nahrungsmittel zeigen uns deine Fürsorge.
Die Erde zeigt uns deine geheimnisvolle Kraft.

Lied Wir singen miteinander Gott unser Loblied.
Ein bekanntes Lied singen.

Nochmals die Sonnenblume.

Etwas ganz Wichtiges über die Sonnenblume haben wir noch nicht gesagt. Die Sonnenblume wendet sich im Laufe des Tages immer zur Sonne. Sie schaut immer dorthin, wo die Sonne steht.

Mit einer Blume zeigen.

Wir schauen auch immer wieder nach Gott. Wir bitten ihn, wir beten zu ihm. Das wollen wir jetzt tun.

Fürbitten

Lasst uns beten. – Guter Gott, wir bitten dich:

- Für alle Menschen, die an nichts mehr Freude haben: Sei du ihnen nahe.
- Wir bitten für alle, die Liebe und Geborgenheit brauchen:
- Wir bitten für alle, die hier wohnen:
- Wir bitten für alle, die hier im Haus arbeiten:
- Wir bitten für alle Verstorbenen:

Vaterunser

Wir beten, wie uns Jesus gelehrt hat:
Vater unser im Himmel …

Gebet

Gott, ohne Licht und Wärme können wir nicht leben. Immer wieder schauen wir zu dir, denn du bist die Sonne, die uns Licht und Wärme schenkt. Bleibe bei uns, heute und alle Tage und in alle Ewigkeit.

Segensbitte

Wir haben zu Gott gebetet, der wie die Sonne zu uns ist. Nun bitten wir ihn um seinen Segen:
Der Herr segne und behüte uns. Er lasse über uns sein Angesicht leuchten und sei uns gnädig. Der Herr wende sein Angesicht uns zu und schenke uns Heil.
Es segne uns und alle, an die wir denken, der Vater …

Liedvorschläge

GL 474 (Nun jauchzt dem Herren, alle Welt)
Erde singe (GL-Diözesananhänge)
Geh aus mein Herz und suche Freud (Liederbücher)

Durch Gottes Güte leben wir

Gottesdienst zum Erntedank

Symbol *Erntedankkorb*

Einführung Im Herbst feiern wir immer das Erntedankfest. Sie erinnern sich sicherlich an Erntedankkronen, an schöne Arrangements aus Blumen, Obst und Gemüse! Hier steht auch ein Erntedankkorb. Was sagt uns dieser Blumenstrauß, das Obst und das Gemüse? Es gibt jemanden, dem wir nicht egal sind. Es gibt jemanden, der an uns denkt und der für uns sorgt. Es sind die Menschen, die sich um uns kümmern, ganz besonders aber ist es Gott. Ihm danken wir heute für alles, was wir an Gutem erleben.

Gebet Guter Gott! Wir erleben den Herbst, staunen über seine bunten Farben, freuen uns über die vielen Früchte, die uns gut schmecken. Du schenkst uns so viele schöne Dinge! Wir danken dir für alle deine Gaben. Wir danken dir auch für die Menschen, die für uns da sind und die uns Schönes ermöglichen.

Evangelium Mt 6,25.27.31–32

Impuls Gott sorgt für die Vögel und für die Blumen. Er sorgt auch für uns. Wir spüren es, wenn wir die Wärme und Liebe von Menschen genießen, unsere vertraute Umgebung, unsere Wohnung, unser Zimmer. Wir spüren es durch die bunten Blumen, den Geruch des Herbstlaubes.

Die einzelnen Gegenstände herumreichen, daran riechen lassen, betasten lassen …

Wir danken Gott mit dem Gebet:

Gebet *Zeile für Zeile vorsprechen und wiederholen lassen.*

Guter Gott, was wir haben, kommt von dir,
durch deine Güte leben wir.
Wir danken dir für alles,
was du uns zum Leben schenkst.

Fürbitten Wir wollen beten. – Guter Gott! Nicht alle Menschen können für so vieles danken wie wir. Für diese wollen wir beten: Herr, erbarme dich!

- Für alle Menschen, die hungern: Herr, ...
- Für alle Menschen, die vergessen sind.
- Für alle Menschen, die krank sind.
- Für alle Menschen, die nicht danken können.
- Für alle Menschen, die unzufrieden sind.
- Für alle Menschen, die dich vergessen.
- Für alle Menschen, die ... *(aktuelles Anliegen)*

Guter Gott! Schau auf sie und nimm von ihnen, was sie belastet oder was sie verdrängen und schenke ihnen deinen Frieden. Darum bitten wir durch Christus, unseren Herrn.

Vaterunser Wir beten zu Gott, unserem Vater, der uns schenkt, was wir brauchen: Vater unser ...

Gebet Vater im Himmel! Du gibst uns die Erde, du gibst uns den Sonnenschein und den Regen, das Licht, die Luft und alles andere, was wir zum Leben brauchen. Immer denkst du an uns. Stärke in uns den Glauben an das Gute und hilf uns, immer mehr zu dankbaren Menschen zu werden. Darum bitten wir durch Christus, unseren Herrn.

Segensbitte Wir segnen heute auch die Früchte! Dann lassen wir sie uns schmecken!

Der Herr, unser Gott, segne uns und alles, was wir von ihm empfangen: Brot, Obst, Gemüse und alle anderen Nahrungsmittel.

Sein Segen bleibe bei uns heute und alle Tage und in alle Ewigkeit.

Abschluss *Mundgerecht geschnittenes Obst anbieten.*

Liedvorschläge
GL 259 (Erfreue dich, Himmel)
GL 267 (Nun danket all)
GL 474 (Nun jauchzt dem Herren)
Ein Danklied sei dem Herrn (GL-Diözesananhänge)

Gott sorgt sich um uns

Gottesdienst im Herbst

Symbol *Herbstlaub*

Einführung Gott hat die Erde und uns Menschen geschaffen. Gott hat uns aber nicht nur geschaffen, er sorgt sich auch um uns. Das sagt uns der Glaube, das erfahren wir auch immer wieder. In unserem heutigen Gottesdienst wollen wir uns das wieder bewusst machen. Wir haben einen Gott, der sich um seine Geschöpfe kümmert. In Jesus Christus ist er uns nahe. So beten wir:

Kyrie-Rufe Herr Jesus Christus, du sagst, dass Gott sich um uns sorgt: Herr, erbarme dich.
Du lässt uns nicht fallen: Christus, erbarme dich.
Zu dir rufen wir voll Vertrauen: Herr, erbarme dich.

Gebet Guter Gott, du hast alles geschaffen, und kümmerst dich um deine Geschöpfe. Du kümmerst dich auch um uns. Darüber freuen wir uns und dafür danken wir dir – jetzt und alle Zeit und in alle Ewigkeit.

Lesung Gen 1,1.11–12

Gespräch Wir haben eben ein Stück aus dem Schöpfungsbericht gehört. Nachdem Gott das Licht, das Himmelsgewölbe, das Land und das Meer geschaffen hat, erschafft er die Bäume und Sträucher mit ihren Blättern. Jede Art von Baum oder Strauch hat ein eigenes Blatt. Keines gleicht dem anderen. Hier habe ich viele verschiedene Blätter mitgebracht. Schauen wir sie uns genau an. Es sind größere und kleinere darunter, mehr spitze, mehr runde, welche mit gezackten Rändern … Von welchem Baum oder Strauch stammen sie?

Blätter zeigen oder herumreichen.

Wir können über diese Vielfalt nur staunen. Wie Gott jedes dieser Blätter geschaffen hat, so hat er auch uns geschaffen und kümmert er sich um uns. Jesus hat das einmal so gesagt: „Fürchtet euch nicht, bei euch sind sogar alle Haare auf dem Kopf gezählt.“

Psalm

Ps 23

Sätze aus Psalm 23, wenn möglich, immer einen Satz vorsprechen und wiederholen lassen.

Der Herr ist mein Hirte.
Nichts wird mir fehlen.
Er führt mich zum Ruheplatz.
Er leitet mich auf rechten Wegen.
Er ist treu.
Der Herr ist bei mir.
Ich fürchte mich nicht.
Seine Güte und Huld
folgen mir mein Leben lang.
Ich darf bei ihm wohnen.
Ehre sei dem Vater
dem Sohn und dem Heiligen Geist.
Wie es war im Anfang
so auch jetzt
und alle Zeit
und in Ewigkeit.

Fürbitten

Wir wollen füreinander beten. – Guter Gott, wir haben Vertrauen zu dir und bitten dich deshalb: Segne alle Menschen, die hier arbeiten:

A Wir bitten dich, erhöre uns!

- Behüte alle, die mit uns hier wohnen.
- Begleite alle Menschen, die uns am Herzen liegen.
- Schütze alle, an die niemand denkt.
- Sei bei allen Verstorbenen.

Guter Gott, dir vertrauen wir, dich loben und dir danken wir – heute und alle Tage bis in Ewigkeit.

Vaterunser Wir können immer so beten, wie es Jesus uns gelehrt hat: Vater unser …

Gebet Wir beten zum Abschluss noch einmal: Herr, Du bist unser Hirte, du bist bei uns. Wo du bist, fehlt es an nichts. Du bist treu. Du bist da. Heute und in alle Ewigkeit.

Segensbitte Gott, unser Hirte, sei immer bei euch. Er segne euch und bewahre euch in seiner Güte und Liebe, der Vater …

Wenn möglich, die Anwesenden einzeln segnen (Handauflegung).

Liedvorschläge
GL 258 (Lobe den Herren)
GL 267 (Nun danket all)

Maria, wir rufen zu dir

Marienandacht

Symbol *Marienstatue oder -bild, Kerzen*

Einführung In unseren Gebeten wenden wir uns gerne an Maria, die Gottesmutter. Wir verehren sie als Vorbild, betrachten sie auch als unsere Mutter und vertrauen auf ihre Fürsprache. Dies wollen wir auch jetzt tun. Betrachten wir zunächst das Marienbild, das ich hier mitgebracht habe!

Geht herum, zeigt und erklärt das Marienbild, stellt das Bild in die Mitte oder auf den Altar.

Warum verehren wir Maria?
Für Maria gab es nichts Wichtigeres im Leben als Gott.
Sie hat Ja zu ihm gesagt.
Sie hat Jesus geboren.
Sie hat zu ihm gehalten.
Sie hat andere Menschen zu Jesus geführt.
Jesus hat sie uns zur Mutter gegeben.

Ave-Maria Wir grüßen Maria und beten miteinander:
Gegrüßet seist du, Maria …

Marienrufe
V/A
Wir singen und beten nun die Marienrufe.
Mutter Gottes, wir rufen zu dir!
(M: Grüssauer Marienrufe)

Sprecher Wir beten und bitten
für alle Menschen, die krank sind,
für alle, die Schmerzen haben,
für alle, die leiden müssen,
für alle, die wissen, dass sie nicht wieder gesund werden.

Die erste Kerze anzünden – singen:

V/A Mutter Gottes, wir rufen zu dir!
V Wir bitten dich, Mutter der Schmerzen:
A Maria, wir rufen zu dir!
Entzünden vor dir unsre Kerzen:
Wir bitten dich, Heil der Kranken:
V/A Mutter Gottes, wir rufen zu dir!

Sprecher Wir bitten
für alle Menschen, die traurig und betrübt sind,
für alle, die allein und einsam sind,
für alle, die enttäuscht sind,
für alle, die Sorgen haben.

Die zweite Kerze anzünden – singen:

V/A Mutter Gottes, wir rufen zu dir!
V Wir bitten dich, Mutter der Schmerzen:
A Maria, wir rufen zu dir!
Entzünden vor dir unsere Kerzen:
Wir bitten dich, Trost der Betrübten:
V/A Mutter Gottes, wir rufen zu dir!

Sprecher Wir beten und bitten für alle Menschen, die schwere Schuld auf sich geladen haben,
für alle, die ein schlechtes Gewissen haben,
für alle, die nicht verzeihen können,
für alle, die leiden, weil sie in Unfrieden leben.

Die dritte Kerze anzünden – singen:

V/A Mutter Gottes, wir rufen zu dir!
V Wir bitten dich, Mutter der Schmerzen:
A Maria, wir rufen zu dir!
Entzünden vor dir unsre Kerzen:
Wir bitten dich, Trost der Betrübten
V/A Mutter Gottes, wir rufen zu dir!

Sprecher	Wir beten und bitten für alle Menschen, die zerstritten sind, für alle, die nicht miteinander sprechen, für alle, die sich aus dem Weg gehen und die sich hassen, für alle, die in einem Land leben, in dem Krieg herrscht.
	Die vierte Kerze anzünden – singen:
V/A	Mutter Gottes, wir rufen zu dir! Wir bitten dich, Mutter der Schmerzen:
A	Maria, wir rufen zu dir! Entzünden vor dir unsre Kerzen: Wir bitten dich, Königin des Friedens:
V/A	Mutter Gottes, wir rufen zu dir!
Gebet	Gott, du hast Maria allen zur Helferin gegeben, die an Christus glauben. Auf ihre Fürsprache hin beschenkst du uns immer wieder mit deinem Erbarmen. Ihr Gebet stärke uns im Glauben, in der Hoffnung und in der Liebe. Darum bitten wir durch Christus, unseren Herrn.
Vaterunser	Maria führt uns hin zu Gott. Zu ihm wollen wir beten, wie Jesus uns zu beten gelehrt hat: Vater unser …
Segensbitte	Es segne uns der gute Gott, der Vater, der Maria zur Mutter seines Sohnes erwählt hat; der Sohn, der aus ihr Mensch wurde; der Heilige Geist, durch den sie Jesus empfangen hat. So segne uns der dreifaltige Gott: der Vater …

Liedvorschläge
GL 594 (Maria, dich lieben)
Segne du, Maria (GL-Diözesananhänge)

Christi Licht begleitet uns

Lichtfeier

Symbol *Gestaltete Mitte mit unterschiedlichen Kerzen: Osterkerze, Kommunionkerze, Taufkerze, Hochzeitskerze, Kerze aus einem Wallfahrtsort, Grablicht, Teelicht, Laterne, Adventskerzen, Christbaumkerzen, Haushaltskerzen …*
Kerzen für alle. Wichtig: HelferInnen zum Halten und Anzünden von Kerzen.

Einführung Ich begrüße Sie wieder zu unserem Gottesdienst. Heute steht er unter dem Thema Licht. Dazu habe ich hier viele unterschiedliche Kerzen aufgestellt. Woran erinnern uns die Kerzen?

Taufkerze, Osterkerze, Kommunionkerze …
Gespräch, dabei die Kerzen zeigen oder herumgeben.

Gebet Guter Gott! Die vielen Kerzen, die wir betrachtet haben, erinnern uns an viele Augenblicke unseres Lebens. Sie erinnern uns auch an Jesus, der gesagt hast: „Ich bin das Licht der Welt." Sein Licht soll uns leuchten und alles Dunkel von uns nehmen. Darum bitten wir – heute und alle Tage und in alle Ewigkeit.

Evangelium Durch Gottes Wort ist alles geworden. In ihm war das Leben und das Leben war das Licht der Menschen. Und das Licht leuchtet in der Finsternis … Und Jesus sagte: Ich bin das Licht der Welt. Wer mir nachfolgt, wird nicht in der Finsternis umhergehen, sondern wird das Licht des Lebens haben. (Joh 1,3–5; 8,12)

Impuls mit Lichtritus

Die Kerzen werden gezeigt und angezündet.

Jesus ist unser Licht, haben wir gehört. Dies zeigt uns am deutlichsten die Osterkerze. Ostern sagt, Jesus bringt Licht auch in den finstersten Winkel der Erde. Sein Licht ist stärker als alles andere. Sein Licht leuchtet über unserem Leben. Auch die anderen Kerzen zeigen dies. Die Taufkerze: Wer getauft wird, folgt diesem Jesus nach. Er lässt sich von ihm „anzünden“. Die Kommunionkerze: Jesus kommt zu uns, sein Licht möchte in uns wohnen. Die Hochzeitskerze: Jesu Licht begleitet unsere Eheleben. – Andere Kerzen sprechen von der Erfahrung, dass Jesus auf besondere Weise uns nahe ist, z. B. an einem Wallfahrtsort, …

Kerze anzünden.

… dass er uns aber auch während des ganzen Jahres begleitet.

Adventskerzen, Christbaumkerzen, Geburtstagskerzen … anzünden.

Ich zünde jetzt noch andere Kerzen an und teile sie aus.

Die Haushaltskerzen an Gottesdiensthelfer, anwesende Angehörige und an Gottesdienstbesucher, die eine Kerze halten können, austeilen.

Wir sehen das Licht und spüren die Wärme, die von den Kerzen ausgeht. Was sagt uns das? Wo Jesus ist, ist Licht und Wärme. Wenn wir Jesus spüren, fühlen wir uns wohl. Wir stellen jetzt die Kerzen, die Sie in den Händen halten, zu den anderen Kerzen und singen miteinander:

Lied GL 616,1–2 (Mir nach, spricht Christus)

Fürbitten Jesus Christus hat gesagt: „Ich bin euer Licht." Wir bitten ihn:

- Für alle, die nur Dunkel um sich sehen: Christus, höre uns.
- Für alle, die keinen Weg finden.
- Für alle, die anderen ein Licht sind.
- Für uns, weil wir immer wieder ein Licht brauchen.
- Für alle unsere Verstorbenen – das ewige Licht leuchte ihnen.

Vaterunser Wir beten das Gebet, das uns Jesus geschenkt hat: Vater unser …

Gebet Herr unser Gott! Wir danken dir, dass du in dem Dunkel, das uns immer wieder umgibt, dein Licht leuchten lässt. Lass uns daran festhalten, damit dieses Licht nicht verlischt, sondern dass es stärker ist als alle Finsternis und wir diesem Licht immer vertrauen können – heute und alle Tage und in alle Ewigkeit.

Segensbitte Gott, unser Licht, scheine euch,
er behüte euch
und sei mit euch alle Tage.
Es segne euch der gute Gott: der Vater …

Liedvorschläge
GL 555 (Morgenstern der finstern Nacht)
GL 558 (Ich will dich lieben, meine Stärke)

Wir gehören zu Jesus

Gottesdienst zu Allerheiligen

Vorbereiten *Weihwasser, Buch mit Erklärung der Vornamen*

Einführung Wir feiern Allerheiligen. Heilige sind Menschen, die Gottes Liebe zu uns besonders sichtbar und spürbar machen. Wie durch ein Fenster die Sonne scheint, so scheint Gott durch die Heiligen. Jeder von uns trägt den Namen eines Heiligen. Dieser Heilige ist uns Begleiter und Helfer.

Wenn möglich Gottesdienstbesucher nach ihren Vornamen fragen und auf die einzelnen Heiligen (Leben, Bedeutung des Namens) eingehen.

Wir rufen jetzt die Heiligen, unsere Namenspatrone, an.

Anrufung der Heiligen

Litanei, zusammengestellt aus den Vornamen der Anwesenden oder aus den Namen besonders bekannter Heiliger.

V Heilige(r) …
A Geh mit uns!

Gebet Guter Gott, die Heiligen (unsere Namenspatrone) sind uns Vorbild im Glauben, Fürsprecher und Helfer. Wir danken dir für sie, denn sie zeigen, dass es viele Wege zu dir gibt. Lass jeden von uns seinen Weg erkennen, begleite ihn auf diesem Weg und lass uns alle vereint sein bei dir. Darum bitten wir durch Christus, unseren Herrn.

Evangelium Mk 16,16–17

Impuls Im Evangelium haben wir einen für uns wichtigen Gedanken gehört. Jesus sagt: „Wer glaubt und sich taufen lässt, wird gerettet". Im Neuen Testament werden die Getauften, also die Christen, oft auch „die Heiligen" genannt. Alle, die an Jesus glauben, sich ihm anvertrauen und ihn als ihr Vorbild betrachten, sind Heilige. Wir alle sind getauft. Wir alle anerkennen Jesus als unseren Herrn. Er ist ein Herr, der uns hilft und der für uns da ist. Wir bekräftigen jetzt unseren Glauben an ihn.

Glaubensbekenntnis

V Ich glaube an Gott, den Vater, den Allmächtigen, den Schöpfer des Himmels und der Erde.

A Ich glaube!

V Ich glaube an seinen Sohn Jesus Christus, der Mensch geworden ist, für uns gelitten hat, der gestorben und vom Tod auferstanden ist.

A Ich glaube!

V Ich glaube an den Heiligen Geist, den Herrn und Lebensspender.

A Ich glaube!

Die Gottesdienstbesucher werden – wenn möglich – einzeln mit Weihwasser besprengt und ihnen unter Handauflegung wird ihnen zugesagt: N. N. … Sie gehören zu Gott und zu seinen Heiligen. Er ist immer für Sie da.

Fürbitten Wir bitten für alle Christen, dass sie ihren Weg finden, heilig zu werden.

- Für alle Frauen und Männer. Gott segne sie und sei bei ihnen:

A Wir bitten dich, erhöre uns.

- Für alle Kinder und Jugendliche. Gott schenke ihnen Freude am Christwerden.
- Für alle Kranken. Gott stärke und tröste sie.
- Für alle anderen alten Menschen. Gott schenke ihnen Zuversicht und Vertrauen.
- Für uns alle. Jesus rette und vollende uns.

Herr, unser Gott! Das Beispiel der Heiligen sagt uns, dass du auf uns schaust und für uns da bist. Höre auf unsere Bitten, schenke uns, was wir brauchen, und bleibe bei uns heute und alle Tage und in alle Ewigkeit.

Vaterunser Gott ist unser Vater und der Vater aller Heiligen. Wir beten zu ihm: Vater unser …

Gebet Herr, unser Gott! Du bist der Heilige. Wenn wir die Heiligen ehren, dann ehren wir dich. Wir wollen dich loben und dir danken – heute und alle Tage und in alle Ewigkeit.

Segensbitte Auf die Fürsprache aller Heiligen stärke, rette und segne uns der lebendige Gott, der Vater, der Sohn und der Heilige Geist.

Liedvorschläge
GL 608 (Ihr Freunde Gottes allzugleich)
GL 614 (Wohl denen, die da wandeln)

Heute ist uns der Heiland geboren

Gottesdienst zur Weihnachtszeit

Symbol *Christkind in der Krippe, Kerzen*

Einführung „Heute ist euch der Retter geboren. Er ist der Messias, der Herr!“ Das verkünden die Engel den Hirten, und sie verkünden es auch uns. Wir lassen uns anstecken von der Freude, die die Engel ausstrahlen, die die Hirten verspüren, und die die Weisen veranlasst, sich auf den Weg zur Krippe zu machen. Jesus, der Retter, der diese Freude hervorruft, ist jetzt unter uns. Wir wollen ihn grüßen:

Christus-Rufe Herr Jesus Christus, du bist als Kind zu uns gekommen: Dir sei Lob und Ehre!

A Dir sei Lob und Ehre!

Du bist Mensch unter Menschen geworden: Dir sei Lob und Ehre!

Du bist unser Retter und Heiland: Dir sei Lob und Ehre!

Lied *Ein bekanntes Weihnachtslied oder Glorialied.*

Gebet Herr, unser Gott! Mit Freude denken wir daran, dass dein Sohn Jesus Christus Mensch geworden ist. In der Dunkelheit dieser Welt leuchtet nun ein Licht, das nicht mehr erlischt, ein Licht, das uns sagt: Du bist mit uns. Dafür danken wir dir, loben und preisen wir dich – heute und alle Tage und in alle Ewigkeit.

Evangelium Mt 2,1–12 (*oder: Lk 2,1–14 / Lk 2,15–20 / Joh 1,1–12; 14.16 – je nach Situation auswählen)*

Lied GL 140 (Zu Bethlehem geboren)

Während des Liedes wird die Christkind-Figur aus der Krippe genommen und den Anwesenden in die Arme gelegt oder in die Hand gegeben. Am Schluss wird die erste Strophe wiederholt und das Christkind in die Krippe zurückgelegt. Um die Krippe werden Kerzen aufgestellt, die zu den Fürbitten angezündet werden.

Fürbitten Wir sind hier um die Krippe versammelt und wollen – wie wir im Lied gesungen haben – Jesus unsere ganze Liebe schenken. Wir denken an die Menschen, die wir lieben, an die Anliegen, die uns jetzt bewegen, und vertrauen sie der Liebe Jesu an. Herr Jesus:

Bei jeder Bitte wird eine Kerze angezündet.

- Bei deiner Geburt haben die Engel Frieden verkündet: Wir bitten dich um den Frieden für uns und für die Welt.

A Christus, höre uns!

- Die Hirten sind gekommen und haben deine Nähe gesucht: Wir bitten dich für alle, die Nähe, Liebe und Geborgenheit suchen.
- Maria und Josef haben dich angebetet: Wir bitten für uns, dass wir nie vergessen, dass du in unserer Mitte bist.
- Deine Geburt bedeutet, dass in der Welt ein Licht brennt, das niemand auslöschen kann: Wir bitten, dass alle Menschen dieses Licht erkennen.
- Die drei Weisen haben dich gesucht und nach einem weiten Weg gefunden: Wir bitten für alle, die nach dem Weg suchen, der zu Freude und Frieden führt.

Herr Jesus, du bist und bleibst unter uns heute und in alle Ewigkeit.

Vaterunser Der Sohn Gottes kommt in die Welt und macht uns untereinander und auch zu seinen Geschwistern. Wir können darum beten: Vater unser …

Gebet Gott unser Vater! Du hast deinen Sohn Jesus Christus in die Welt gesandt, damit wir den Weg zu dir finden. Seine Nähe gibt uns Kraft zum Leben, stärkt uns im Glauben, in der Hoffnung und in der Liebe. Dir sei dafür Dank und Ehre – heute und alle Tage und in alle Ewigkeit.

Segensbitte Unser liebevoller Gott mache durch die Geburt Jesu unsere Herzen hell.
Er erfülle uns mit tiefer Freude über seine Nähe und schenke uns und allen Menschen guten Willens seinen Frieden:
der Vater, der Sohn und der Heilige Geist.

Schlusslied Stille Nacht *oder*
O du fröhliche

Segensfeiern im Seniorenkreis

Ich gehe meinen Weg mit Gott

Segensfeier für Menschen, die in den Ruhestand treten

Symbol *Segen durch Handauflegung aller*

Zur Eröffnung Voll Vertrauen gehe ich den Weg mit dir, mein Gott (Liederbücher) *oder*
GL 615 (Alles meinem Gott zu Ehren)

Einführung Im Namen des Vaters …
Zu Beginn unserer Segensfeier stellen wir uns bewusst unter das Zeichen des Kreuzes. Das Kreuz begleitet unsere Vergangenheit und unsere Gegenwart, es wird auch unsere Zukunft begleiten. Im Kreuz wird uns durch unseren Herrn Jesus Christus alles zum Segen. Wir rufen zu ihm:

Kyrie-Rufe Herr Jesus Christus, du begleitest unser Leben: Herr, erbarme dich.
du berufst uns immer zu Neuem: Christus, erbarme dich.
du bist bei uns alle Tage: Herr, erbarme dich.

Gebet Herr, unser Gott! Unser Leben mit alle seinen Höhen und Tiefen, mit seinen Einschnitten und Wegstrecken liegt in deiner Hand. Vor uns liegt ein neuer Lebensabschnitt. Wir sehen ihm mit Erwartung, aber auch mit Unsicherheit entgegen. Darum sind wir hier zusammengekommen, um uns an deinem Wort zu orientieren und uns durch deinen Segen stärken zu lassen. Mit dir können wir voll Vertrauen und Zuversicht in die Zukunft schauen. Sei uns nahe, heute und alle Tage und in alle Ewigkeit.

Lesung Dtn 8,2–3.6

Impuls In unseren Ohren klingt die Lesung negativ, doch ist sie keineswegs so gemeint. Sie versetzt uns in die Zeit der Wüstenwanderung der Israeliten. Diese sind unwillig, unzufrieden und verlieren das Vertrauen auf Gott. Mose fordert sie auf, sich vor Augen zu führen, wie Gott in den vierzig Jahren des Wüstenzuges bei ihnen gewesen ist – beim ganzen Volk und bei jedem Einzelnen. Wer seine Augen und Ohren aufmacht, kann die Sorge Gottes für sein Volk in vielen Ereignissen und Zeichen erkennen. Auf Gott, der so viel Segen geschenkt hat, ist Verlass. Er verdient auch weiterhin unser Vertrauen. Er ist da, ob uns dies bewusst ist oder nicht. Gott hält noch viele Dinge für uns bereit, die unser Leben bereichern. Er möchte sie uns schenken. Die Voraussetzung dafür ist, wie es im Text heißt, dass wir „auf seinen Wegen gehen", das heißt, unser Leben im Einklang mit seinem Willen gestalten. Wer dies tut, ist gesegnet. Er ist gehalten und getragen von der Sorge Gottes; der Weg, den er geht, wird zum Weg, auf den Gott ihn führt. Psalm 23 bringt dies besonders schön zum Ausdruck. Beten wir ihn jetzt gemeinsam!

Psalm Ps 23; GL 528,3 (Ich gehe meinen Weg vor Gott) *mit* GL 718,2

Einladung zu stillem Nachdenken, dazu Meditationsmusik.

Nehmen wir uns Zeit, über einige Aussagen des Psalms nachzudenken. Was bedeutet für mich:

- Der Herr ist mein Hirt, nichts wird mir fehlen.
- Er führt mich.
- Er leitet mich durch die Finsternis.
- Ich brauche mich nicht zu fürchten.
- Der Herr ist bei mir.
- Seine Güte und Huld folgen mir mein ganzes Leben.

Fürbitten *frei formuliert oder:*

Im Vertrauen darauf, dass Gott für uns da ist, bitten wir ihn jetzt:

- Für N. N. und alle, die einen neuen Lebensabschnitt beginnen: Herr, segne und begleite sie!

A Herr, segne und begleite sie!

- Für alle, die ihr Leben umstellen und sich neu orientieren müssen.
- Für alle, die keinen Lebensmut mehr haben und sich vor der Zukunft fürchten.
- Für alle, die jetzt nach Sinn und Wert suchen.
- Für alle, die nach neuen Aufgaben und Verantwortlichkeiten Ausschau halten.
- Für alle, die neue Pläne verwirklichen wollen.
- Für alle, denen die Pensionierung eines Angehörigen eine Umstellung auch für ihr eigenes Leben bedeutet.

Herr unser Gott, für diese alle und für ihre Anliegen bitten wir dich. Du bist ja unser Vater, der weiß, was wir brauchen. Auf dich setzen wir unser Vertrauen – heute und alle Tage und in alle Ewigkeit.

Vaterunser Zum Vater, der weiß was wir uns wünschen und was wir brauchen, wollen wir beten, wie Jesus uns zu beten gelehrt hat: Vater unser …

Gebet Guter Gott! Lass uns dankbar zurückblicken auf alles, was war: auf die schönen und schweren Erfahrungen, auf Zeiten des Glücks und auf dunkle Wegstrecken. Lass uns voller Hoffnung und Zuversicht auf den Weg schauen, der vor uns liegt, und ihn mit dir gehen. Darum bitten wir durch Christus, unseren Herrn.

Lied Bewahre uns, Gott, behüte uns (Liederbücher) *oder* GL 622 (Hilf, Herr meines Lebens)

Segensbitte

Die Neopensionisten werden durch Handauflegung gesegnet, die Anwesenden legen dabei ihre Hände dem/der zu Segnenden auf die Schultern.

Segen bedeutet: Gott ist da, er geht mit dir, er hilft dir. Wir sprechen jetzt allen, die einen neuen Lebensabschnitt beginnen, diesen Segen zu:
Gott, der dich seit deinem ersten Lebenstag begleitet, lasse dich wieder neu erkennen, wie nahe er auch jetzt ist. Amen.
Er zeige dir den Sinn für die Zeit, die vor dir liegt, und sei bei dir in guten wie in schweren Stunden. Amen.
Er schenke dir, was du brauchst, um zu wachsen im Glauben, um fest zu stehen in der Hoffnung, und um zu bleiben in der Liebe. Amen.
Dazu segne dich der liebende Gott, der Vater …

Lied

Meine Hoffnung und meine Freude (Taizé) *oder*
GL 280,1–3.6 (Preiset den Herrn)

Gott ist da

Segensfeier anlässlich des Umzuges in ein Heim

Situation *Der Umzug von der eigenen Wohnung in ein Heim gehört zu den Einschnitten im Leben, die nur selten freiwillig geschehen. Meist geschieht er erst dann, wenn ein Verbleib in den eigenen vier Wänden nicht mehr möglich ist und erfolgt dann oft direkt von einem Krankenhaus oder einer Rehabilitationseinrichtung. Selbst wenn dieser Schritt nach reiflicher Überlegung gegangen wird, verbleiben Unsicherheit und Ängstlichkeit vor dem, was kommt. Gemeinsam mit dem Betroffenen diese Gefühle vor Gott zu tragen, stärkt und hilft.*

Ort *Bisherige Wohnung, Zimmer im Krankenhaus oder Rehabilitationsklinik.*

Anwesend *Angehörige und andere Bezugspersonen: Nachbarn, Betreuungspersonen, Seelsorger, Priester, Wortgottesdienstleiter, Vertreter des Heimes.*

Einführung Wir kommen ein letztes Mal hier und in diesem Kreis zusammen. Frau/Herr … ist entschlossen, ihr(e)/sein(e) Haus/Wohnung/Zimmer, das ihr/ihm lieb und vertraut ist, in dem sie/er lange Zeit verbracht hat, zu verlassen und ins … umzuziehen. Wir alle sind hier, um uns mit ihr/ihm von ihren/seinen vertrauten vier Wänden zu verabschieden, ihr/ihm zu sagen, dass wir mit ihr/ihm mitfühlen. Wir sind aber auch dankbar für die Stunden, die wir gemeinsam hier verbracht haben.

Anwesende erinnern kurz an einzelne Erlebnisse.

Der Dank an das Vergangene lenkt unsere Gedanken zur Gegenwart und zur Zukunft. Wir wollen auch dem, was uns dabei bewegt, Raum geben und es aussprechen:

Anwesende äußern Wünsche, Ängste, Befürchtungen, Hoffnungen.

Gebet

Wir legen unsere Gedanken und Wünsche Gott vor und beten:
Herr, unser Gott! Für Frau/Herrn … beginnt ein neuer Lebensabschnitt. In wenigen Tagen wohnt sie/er in … Es ist nicht einfach, diese Situation anzunehmen, auch wenn wir davon überzeugt sind, dass diese jetzt die bessere Möglichkeit für sie/ihn ist. Die Erinnerung an alles, was gewesen ist, kann ihr/ihm niemand nehmen.
Die Sorge um das, was kommt, wollen wir teilen.
Deshalb bitten wir für … und für alle,
die sich in einer ähnlichen Situation befinden:
Sei du ihnen nahe und lass sie in der neuen Umgebung auf vielerlei Weise deine Nähe spüren.
Darum bitten wir durch Christus, unseren Herrn.

Evangelium Mt 28,18–20

Impuls

Wir hörten eben die letzten Verse des Matthäusevangeliums. Jesus verabschiedet sich von seinen Jüngern. Er wechselt sozusagen seinen Aufenthaltsort. Die Menschen, die bisher mit ihm zusammen gewesen sind, sind deshalb ratlos.
Der Umzug von Frau/Herrn … berührt sie/ihn und uns alle. Wir stellen uns die Frage: Wie wird es werden? Was wird sein? Da hören wir die Worte Jesu: Ich bin bei euch alle Tage. Auf diese Worte hin konnten die Apostel einen Weg gehen, von dem sie nicht gewusst haben, wohin er sie führen wird. Auf diese Worte hin kann auch Frau/Herr … den Weg gehen, den sie/er sich vorgenommen hat. Jesus, dem alle Macht gegeben ist, begleitet sie/ihn dabei.

Er begleitet aber auch uns. Für uns alle bedeutet ja der Umzug von Frau/Herrn … einen Einschnitt und eine Umstellung, mit der wir erst lernen müssen, zu leben. Ich lade Sie ein, unser Vertrauen in die Nähe Jesu zu stärken. Reichen wir einander die Hände und sprechen wir folgende „Zusage“. Auf jeden Vers antworten wir mit: „Ich bin da!“

Zusage

Jesus spricht zu Frau/Herrn … und zu uns:
In deine Überlegungen und in deine Angst,
in deinen Mut und in dein Vertrauen
lege ich meine Zusage:
Ich bin da.

In deine Gegenwart und in deine Zukunft,
in alles, was dich beschäftigt
und was dir Sorgen macht,
lege ich meine Zusage:
Ich bin da.

In das Auf und Ab deines Weges,
in deinen Schmerz, Vertrautes zu verlassen,
lege ich meine Zusage:
Ich bin da.

In dein Bemühen, Neues zu akzeptieren,
in deine Versuche,
auf fremde Menschen zuzugehen,
lege ich meine Zusage:
Ich bin da.

In deine Begegnungen und in deine Fragen,
in deine Wünsche und in deine Sehnsüchte
lege ich meine Zusage:
Ich bin da.

In deinen Alltag,
in seine Möglichkeiten und Grenzen
lege ich meine Zusage:
Ich bin da.

In alle Menschen, die sich um dich sorgen,
in alle, die dich besuchen,
und die an dich denken,
lege ich meine Zusage:
Ich bin da.

In die Geborgenheit, die du suchst,
in den Frieden, den du finden mögest,
lege ich meine Zusage:
Ich bin da.

Gebet

Herr Jesus Christus, du bist bei Frau/Herrn … heute und alle Tage. Dir sei Lob und Dank und Ehre in alle Ewigkeit.

Segen

mit Handauflegung
Diese Zusage: „Ich bin da" erfahren wir ganz besonders im Zeichen und mit Worten des Segens. Wir sprechen diesen Segen Frau/Herrn … ganz besonders zu. Wir rufen ihn aber auch über uns. Ich lade ein, einander die Hände zu reichen und den Segen zuzusprechen:

Der Herr segne und behüte dich. Er lasse sein Angesicht über dir leuchten und sei dir gnädig. Er schaue auf dich und auf uns alle und schenke uns seinen Frieden.

Lied

Geh unter der Gnade (Liederbücher) *oder*
GL 291 (Wer unterm Schutz des Höchsten steht)

Gott ist nahe, wo Menschen einander Liebe schenken.

Segensfeier für ein Senioren-Paar

Anlass *Eine Seniorin und ein Senior, beide unverheiratet oder verwitwet, entdecken Sympathien füreinander, möchten ihr Leben miteinander teilen und bitten dazu um den Segen Gottes.*
Mit kleinen Änderungen eignet sich das Modell auch für eine Trauung oder eine goldene Hochzeit.

Lied GL 265 (Nun lobet Gott im hohen Thron) *oder*
In deinem Namen wollen wir (Liederbücher)

Eröffnung Das Kreuz unseres Herrn Jesus Christus ist für uns das Zeichen von Liebe und Heil, von Kraft und Segen. Daher beginnen wir unsere Feier: Im Namen des Vaters …

Einführung „Gott ist nahe, wo Menschen einander Liebe schenken.“ Dieser Satz könnte von einem bekannten Heiligen stammen; der Pädagoge Heinrich Pestalozzi hat ihn geprägt. Wir sind zusammengekommen, um uns mit Frau … und Herrn … zu freuen. Sie schätzen und lieben einander, möchten in ihre Freude auch uns einbeziehen und ihre weiteren Lebensjahre unter den Segen Gottes stellen. Gottes Segen trägt unser Leben. In Jesus Christus schenkt er uns sein Erbarmen.

Kyrie-Rufe Herr Jesus Christus, du bist, wo Menschen einander Liebe schenken: Herr, erbarme dich.
Herr Jesus Christus, die Liebe unter den Menschen ist Zeichen der Liebe Gottes: Christus, erbarme dich.
Herr Jesus Christus, wo Güte und Liebe sind, sind auch Hoffnung und Zuversicht: Herr, erbarme dich.

Gebet Gott, du bist Liebe und Leben. In unserem Herrn Jesus Christus hast du uns deine Liebe in reichem Maße geschenkt. Wir danken dir für dieses Geschenk, das … und … für sich jetzt neu entdecken. Lass sie die Jahre, die sie miteinander gehen, in dieser Liebe verbunden bleiben! Lass sie Glück und Freude aneinander finden, aber einander auch Stütze und Halt sein! Vollende du das gute Werk, das du selbst mit ihnen begonnen hast. Darum bitten wir durch Jesus Christus, unseren Herrn.

Lesung 1 Kor 12,31b – 13,8a

Antwortgesang Ps 92; GL 737,1.2

Evangelium Joh 15,9–11

Impuls Sie beide kennen das Leben, seine schönen und seine weniger schönen Seiten. Sie haben Freude und Trauer erlebt, Beginn und Abschiednehmen, Gemeinschaft und Alleinsein. Jetzt möchten Sie miteinander einen neuen Lebensabschnitt beginnen. Sie haben Ihre Liebe entdeckt und wollen diese auch zeigen. Sie wollen einander helfen und Freude und Leid miteinander teilen. Dafür erbitten Sie den Segen Gottes.

Immer wieder sind wir beeindruckt von dem Text, den wir als Lesung gehört haben. Wir nennen ihn das „Hohelied der Liebe“, den Lobpreis auf die Liebe. Die griechische Sprache kennt für Liebe mehrere Wörter. Paulus wählt hier das Wort *agapē* und setzt damit einen eindeutigen Akzent. Mit *agapē* ist die Liebe gemeint, mit der Gott die Menschen liebt. Jesus hat sie uns vorgelebt. Es ist die Liebe, die das Wohl des anderen möchte. Paulus möchte uns begreiflich machen, dass auch wir diese Liebe leben können, die uneigennützig und ohne Vorbedingung den anderen liebt, um seiner selbst willen, die spüren lässt: Ich bin an dir interessiert, ich liebe dich, ich halte zu dir, weil du du bist. Du sollst und brauchst nicht alleine zu sein.

Diese Gedanken sind älteren Menschen, die ihr Leben miteinander teilen möchten, wichtig: Du brauchst nicht alleine zu sein, ich gehe mit dir. Ich halte zu dir, weil du du bist. Im Alter lassen sich die Schwächen und Fehler des Einzelnen nicht so leicht übersehen oder beschönigen wie in früheren Jahren. Umso stärker ist daher das „Trotzdem“: Trotzdem gehe ich mit dir, gerade deswegen liegt mir an deinem Wohl, deshalb möchte ich erst recht, dass es dir gut geht und meinen Teil dazu beitragen.
Ältere Menschen hören den Text dieser Lesung mit einer reichen Lebenserfahrung. Ihnen sagen einzelne Verse jetzt mehr und Anderes als früher.
„Als ich jung war, dachte und redete und urteilte ich wie ein Junger. Jetzt aber verstehe ich manches anders „als damals“, sagt Paulus. „Liebe ist langmütig, gütig, sucht nicht ihren Vorteil, trägt nicht nach.“ Auf Dinge, die wir früher anders gesehen haben, fällt jetzt ein neues Licht. Im Alter wird immer klarer, dass die Liebe das Leben trägt, dass diese Liebe sich aber auf vielerlei Weisen ausdrückt. Einem jungen Menschen ist es noch nicht so klar, was Worte wie diese bedeuten können: Die Liebe ist langmütig, gütig, trägt nicht nach, erträgt alles, hofft alles, hält allem stand. Die Liebe, die Gott uns entgegenbringt, ist so. Die Liebe, die wir leben und mit der wir auf Gottes Liebe antworten, sollte ebenso sein. Paulus weiß, was er schreibt, denn er formuliert den Text selbst im fortgeschrittenen Alter, als er erkannt hat, dass es im Leben nicht auf Leistungen, gleich welcher Art, oder auf Weisheit, Wunderkraft und Gesundheit ankommt, sondern auf das uneingeschränkte Ja zum anderen und auf das uneingeschränkte Ja zu Gott.
Sie beide sind gekommen, um sich Gott anzuvertrauen. Wir beglückwünschen Sie dazu und erbitten Ihnen nun Gottes Segen.

Bei einer Segensfeier:

Lied GL 270,1–2.6 (Kommt herbei) *oder*
Herr, wir bitten, komm und segne uns – Str. 1.3–4 (Liederbücher)

Segen über das Paar

Gott, der gütige Vater, bewahre euch in seiner Liebe, er schenke euch seine Güte und schütze euch in allen Gefahren.
Der Friede Christi wohne stets in eurem Herzen, er erfülle euch ganz und gar und leite euer Denken und Handeln, euer Tun und Lassen.
Die Kraft des Heiligen Geistes stärke, was euch verbindet, festige euren Mut und euer Vertrauen und bleibe bei euch heute und alle Tage.

Bei einer Trauung: Trauversprechen.

Bei beiden Feiern:

Fürbitten Wir wollen beten. – Herr, unser Gott, wir staunen über die Wege, die du uns führst. Im Glauben an deine Nähe und Liebe bitten wir dich:

- Für … und …, dass sie zu gegenseitiger Hilfe und Stütze und einander zum Segen werden:

A Wir bitten dich, erhöre uns.

- Für alle Kinder und Enkelkinder von … und … Begleite sie durch ihr Leben und lasse sie wachsen im Glauben, in der Hoffnung und in der Liebe.
- Für alle Menschen, denen es schwer fällt, ohne einen Partner zu leben. Sei ihnen besonders nahe.
- Für die verstorbenen Partner von … und …, sowie für alle unsere verstorbenen Angehörigen und Freunde. Lass sie leben in der Fülle deines Reiches.
- Wir bitten auch für uns alle um die Bereitschaft, die Wege, die du uns zeigst, mit Vertrauen und Zuversicht zu gehen.

Herr, unser Gott, was wir Menschen nicht mit eigenen Kräften vermögen, bewirkt deine Liebe: Sie gibt Mut, Halt und Neubeginn. Dafür loben und preisen wir dich heute und alle Tage und in Ewigkeit.

Vaterunser Es ist ganz gleich, wie alt jeder von uns ist. Wir alle sind Kinder des einen Vaters im Himmel. Er sagt sein Ja zu uns. Deshalb können wir zu ihm voll Vertrauen sprechen: Vater unser …

Gebet Herr, unser Gott, deine Liebe ist der Grund unseres Lebens. Weil du uns nicht allein lässt, können auch wir füreinander da sein. Weil du in guten und in schlechten Tagen mit uns bist, können auch wir Freud und Leid miteinander teilen. Weil du an unserer Seite stehst, können auch wir Seite an Seite gehen. Wir freuen uns über deine Geschenke, die uns leben lassen, und sagen dir dafür Lob und Dank – heute und alle Tage und in alle Ewigkeit.

Segen *Bei einer Segensfeier:*
Segen heißt: Gott ist da, Gott geht mit uns. Wir haben den Segen für … und … erbeten. Wir erbitten ihn jetzt auch für uns und für alle, die uns verbunden sind.

Bei einer Trauung:
Es ist ein Geschenk, wenn zwei Menschen einander schätzen und achten.
Es ist eine Gnade, wenn zwei Menschen einander vertrauen und lieben.
Es ist ein Segen, wenn zwei Menschen zueinander stehen und miteinander gehen.

Abschluss in beiden Fällen:
Es segne und begleite uns alle Gott, der Liebe ist: der Vater, der Sohn und der Heilige Geist.

Lied GL 261 (Nun danket alle Gott) *oder*
Sing mit mir ein Halleluja – 1–2.4 (Liederbücher)

Die Liebe hält allem stand

Segensfeier zu einem Ehejubiläum

Symbol *siehe Fürbitten*

Lied GL 258 (Lobe den Herren)

Einführung Wir kommen heute zusammen, um mit Ihnen den ... Hochzeitstag zu feiern. Im Vertrauen, dass Gott Sie begleitet, haben Sie ihren gemeinsamen Lebensweg einst miteinander begonnen. Im Glauben, dass Ihre Liebe stärker ist als alle Probleme und Schwierigkeiten, die im Laufe des Lebens auftauchen, sind Sie ihn gegangen. Der Dank für das Vergangene und die Hoffnung, dass alles, was Sie miteinander gesät haben, auch Früchte trägt, führt uns heute zusammen. Freude, Hoffnung, Dank, Liebe – alles, was uns jetzt bewegt, vertrauen wir Gott neu an. Er möge es segnen und vollenden. Er möge Sie beide und uns weiterhin begleiten.

Kyrie-Rufe Herr Jesus, du bist unser Weg. Herr, erbarme dich.
Du bist unsere Stärke. Christus, erbarme dich.
Du bist unsere Hoffnung. Herr, erbarme dich.

Gebet *gesprochen von den Jubilaren:*
Lebendiger Gott, vor ... Jahren haben wir zueinander Ja gesagt und im Vertrauen auf dich unseren gemeinsamen Weg begonnen. Heute schauen wir auf diese Jahre zurück und danken:

Für die Liebe, die wir einander in diesen Jahren schenken konnten, für die Treue, die uns immer wieder zusammenführt, für das Vertrauen, dass wir uns aufeinander verlassen können. Wir danken für unseren gemeinsamen Weg.

Wir danken für unsere Familie und unsere Freunde, von denen wir uns immer wieder angenommen und getragen wissen. Wir danken für alle Menschen, die auf uns zugehen und die uns an ihrem Leben teilnehmen lassen.

Heute erinnern wir uns an viele schöne Stunden. Wir denken aber auch an manches Ereignis, das uns Rätsel aufgegeben und uns herausgefordert hat. Wir danken für alles, was wir lösen konnten oder was sich zum Guten gewendet hat.

Besonders danken wir dir, unserem Gott, für die Liebe und Treue, die du uns immer wieder erweist, und für all den Segen, mit dem du uns beschenkst. Dir sei Lob und Ehre in Ewigkeit.

Lied Ein Danklied sei dem Herrn (GL-Diözesananhänge)

Lesung 1 Kor 13,4–7.13

Ansprache Die Feier eines Ehejubiläums – noch dazu, wenn es mit einem Gottesdienst begangen wird – löst manche Gedanken aus: Worauf wurde die Ehe begründet? Was hat die Ehepartner über so viele Jahre aneinander festhalten lassen? Was ist für sie auch in Zukunft von Bedeutung? Die Lesung bietet hier Antworten an. Sie ist dem ersten Korintherbrief entnommen, in dem sich der Apostel Paulus mit den Grundlagen christlichen Lebens beschäftigt. Er fasst diese zusammen in den drei Haltungen Glaube, Hoffnung und Liebe.

Glaube, Hoffnung und Liebe geben auch der Ehe einen besonderen Sinn. Die Liebe hat sie vor vielen Jahren zueinander geführt. Aus ihrer Liebe erwuchs der Glaube aneinander, der wiederum Hoffnung entstehen ließ: jenes Gefühl von Mut und Zuversicht, dass ihre Liebe stark genug ist, ein gemeinsames Leben zu halten und zu tragen. Was bedeutet aber Glaube? Oft wird behauptet, Glauben heißt, nichts zu wissen. Der ursprüngliche Sinn des Wortes Glaube meint aber: ich verlasse mich auf dich, ich binde mich an dich, ich setze mein Herz auf dich. Was das für Menschen bedeuten kann, zeigt uns unser Jubelpaar.

Glaube ist aber auch der Schritt des Menschen zu Gott hin. An ihn binden wir uns. Auf ihn setzen wir. Er gibt unseren guten Absichten, unserem Mut und unserem Miteinander letzten Halt. Einen so verstandenen Glauben hat unser Jubelpaar vor vielen Jahren durch seine kirchliche Hochzeit zum Ausdruck gebracht. Heute blickt es nicht nur auf die Früchte und Wege dieses Glaubens zurück, sondern erneuert ihn. Auch nach so vielen Jahren ist in ihm weder der Glaube an den anderen noch der gemeinsame Glaube an Gott erloschen. Es geht vielmehr davon aus, dass es immer noch wachsen kann. Im Glauben, aber auch in der Liebe. In der Liebe zueinander und in der Liebe zu Gott.

Menschen, die so miteinander wachsen, verbreiten auch Hoffnung. Ihr Beispiel hilft anderen, mit Zuversicht in die Zukunft zu schauen, denn es sagt, dass es keineswegs sein muss, dass sich Ehepartner im Laufe vieler Ehejahre entfremden. Im Gegenteil. Wenn Glaube, Hoffnung und Liebe der tragende Grund gemeinsamen Lebens sind, geht man immer wieder Schritte aufeinander zu. Je mehr man diesen gemeinsamen Grund pflegt, umso fester wird er. Umso deutlicher wird auch, dass sich im gemeinsamen Leben von Mann und Frau Gott spiegelt, der jeden von uns liebt, der an uns Menschen glaubt, und der in jeden von uns Hoffnungen setzt. Wir alle, die hier sind, wünschen den Jubilaren diesen Glauben, diese Hoffnung und diese Liebe! In diesem Sinne beten wir jetzt für sie.

Fürbitten und Wünsche mit Symbolgeschenken

Wir sprechen nun für unser Jubelpaar Fürbitten und verbinden diese mit unseren Wünschen.
Herr, unser Gott, du willst, dass wir unsere Jahre mit Leben erfüllen. Daher bitten wir:

Vergrößerungsglas

- für N. N. und N. N. , dass sie immer wieder neue Seiten aneinander entdecken und schätzen:

A wünschen und erbitten wir.

Wanderstöcke

- dass sie mit Glauben und Vertrauen ihren gemeinsamen Weg fortsetzen.

Gutschein für …

- dass sie viele schöne Stunden miteinander verbringen können.

große Zündhölzer

- dass ihnen in Schwierigkeiten und Leid immer wieder ein Licht aufleuchtet.

Blumen

- Wir bitten für N. N. und N. N. und auch für alle anderen Paare, die lange verheiratet sind, dass ihnen die Freude aneinander erhalten bleibt.

Kerze

- Wir beten für alle verstorbenen Angehörigen und Freunde von N. N. und N. N., dass sie Frieden und Heimat finden bei dir.

Liebender Gott! An allen Tagen unseres Lebens begleitest du uns mit deiner Güte. Auf dich hoffen wir – heute und alle Tage und in alle Ewigkeit.

Vaterunser So beten wir miteinander und füreinander, wie Jesus uns zu beten gelehrt hat: Vater unser …

Lied Ubi caritas et amor, deus ibi est (Taizé) *oder* GL 298 (Herr, unser Herr)

Friedensgruß

Gebet Liebender Gott, wir sagen dir Dank für alles, was du N. N. und N. N. in den vergangenen Jahren erwiesen hast. Bis heute hast du ihr Leben begleitet. Sie zeigen uns, was Liebe in guten und in schweren Zeiten vermag. Jetzt erbitten wir erneut für sie deinen Segen.

Segenswünsche

Die folgenden Segenswünsche können weitere Anwesende sprechen:

Segne jeden ihrer Tage und jedes ihrer Jahre.
Segne, was sie sich miteinander vornehmen.
Segne sie in schwierigen Situationen.
Segne alle Menschen, die ihnen am Herzen liegen.
Segne, was sie ihren Mitmenschen Gutes tun.
Lass sie immer verbunden bleiben.
Weitere Segenswünsche.

Segne N. N. und N. N. und uns alle, denn von dir kommt alles Gute. Dir, dem Gott allen Segens, sagen wir Dank, dem Vater, dem Sohn und dem Heiligen Geist.

Lied GL 266 (Nun danket alle Gott)

Hauptsache gesund

Gottesdienst mit Krankensegnung

Symbol *Trage (kann leicht angedeutet werden durch ein Leintuch, das an zwei Stangen befestigt ist), Zettel zum Schreiben, Kerzen.*

Zur Eröffnung GL 621 (Ich steh vor dir mit leeren Händen)

Einführung Wir sind wieder zusammengekommen und haben alles mitgebracht, was uns bewegt, was uns freut oder Sorgen macht. Vor Gott brauchen wir nichts zu verbergen und nichts zu verstecken. Auch nicht unsere Gebrechlichkeit, unsere Schwäche. Im Gegenteil. Jesus war besonders für die Kranken und Schwachen da. Zu ihm rufen wir:

Kyrie-Rufe Herr Jesus Christus,
du bist unsere Hoffnung: Herr, erbarme dich.
Du bist unser Erlöser: Christus, erbarme dich.
Du bist unser Heiland: Herr, erbarme dich.

Gebet Liebender Gott! Zuversichtlich kommen wir zu dir. Du weißt, wie es um uns Menschen steht, was wir denken und fühlen. Du weißt auch, was wir uns wünschen und was wir brauchen. Du begleitest uns, wenn wir einen mühsamen Weg gehen müssen, du bist da, wenn unser Glaube, unsere Hoffnung oder unser Vertrauen schwindet. Wir danken dir für deine Treue heute und alle Tage und in alle Ewigkeit.

Evangelium Mk 2,1–12

Gedanken zum Evangelium

Überlegen wir, wovor wir Angst haben, woran wir leiden, was alles krank macht:

Beiträge auf Zettel schreiben und auf die Trage legen.

Wir wissen, was alles krank macht. Körperliches Leid und seelisches Leid zwingen uns – bildlich gesprochen – auf die Trage. Der Gelähmte, von dem wir im Evangelium gehört haben, leidet sicher an körperlichen und an seelischen Gebrechen. Jesus hat beides im Blick. Ihm ist wichtig, dass der ganze Mensch heil ist. Wer seelisch gesund ist, kann mit körperlicher Krankheit besser umgehen, und körperliche Gesundheit trägt viel zur seelischen Gesundheit bei. Wer aber mit Krankheit und Leid, mag es seelisch oder körperlich oder beides sein, kämpft, ist oft nicht in der Lage, für sich selbst etwas zu tun. Was sagt uns das Evangelium dazu? Gute Freunde helfen das Leid tragen: sie denken mit, werden initiativ, setzen eine Tat, bitten an Stelle des Kranken, legen ihn Jesus vor die Füße.
Wir alle, die hier sind, leiden an irgendeiner Krankheit. Wir kennen aber auch andere, die leichter oder schwerer krank sind als wir. Wir haben Menschen, die sich um uns kümmern. Überlegen wir jetzt einmal: Was können oder müssen wir selbst tun, damit uns unsere Krankheit nicht beherrscht? Wie können wir für andere Kranke da sein? Was dürfen wir – und alle, die für uns da sind – Jesus vor die Füße legen und ihm sagen: Wir tun, was wir können. Unsere Möglichkeiten reichen aber nicht aus. Jetzt bist du dran! Wie Jesus im Evangelium geholfen hat, so wird er auch uns helfen. Dann heißt es nicht: „Hauptsache gesund!“, sondern: „Hauptsache glauben!“

Lobpreis Jesus, du siehst die Not der Menschen.

A Wir loben dich, wir preisen dich.

Du willst nicht, dass wir krank sind und leiden.

A Wir loben dich, wir preisen dich.

Du nimmst von uns, was uns belastet.

A Wir loben dich, wir preisen dich.

Fürbitten Zu Gott dürfen wir immer wieder kommen – mit unseren Grenzen und Schwächen, mit unserer Freude und unserer Angst. Darum wollen wir ihn bitten:

Als Zeichen für das Aufblicken bei jeder Bitte eine Kerze anzünden und an die Trage stellen.

- Wir bitten für alle, deren eigene Kräfte immer mehr nachlassen:

A Herr, unser Gott, erbarme dich.

- Wir bitten für alle, die immer mehr von Krankheiten gezeichnet sind.
- Wir bitten für alle, die die Nachricht von einer schweren Krankheit verarbeiten müssen:
- Wir bitten für alle, die sich um Kranke sorgen.
- Wir bitten auch für alle, die seelische Leiden mit sich herumschleppen.
- Wir bitten noch: …

Aktuelle Anliegen aus dem Kreis der Gottesdienstbesucher formulieren.

Guter Gott, sei bei ihnen und bei uns allen, stärke, richte auf und gib uns Kraft. Darum bitten wir dich – heute und alle Tage und in alle Ewigkeit.

Meditation *nach Psalm 23*

Der Herr ist mein Arzt,
er kann mich heilen.
Er nimmt mich an.
Er gibt mir Zeit und verschafft mir einen Raum,
an dem ich zur Ruhe kommen

und genesen kann.
Er lässt mich aufleben und zeigt mir,
wie ich wieder gehen kann.
Wenn mich mein Weg durch Leiden führt,
dann brauche ich nicht zu verzweifeln,
denn du bist mir Trost und Halt.
Auf dich kann ich mich verlassen!
Du holst mich aus meiner Not und Einsamkeit.
Du begleitest mich auf meinen Wegen.
Du bist da,
umsorgst mich bei Tag und bei Nacht.
Du bist mein Heil für Leib und Seele.
Du bist mein Gott mein Leben lang.

Gebet Gott, unser Vater, in deinem Sohn Jesus Christus hast du unser Leben mit uns geteilt. Du kennst auch Krankheit und Leid und die Grenzen unseres Lebens. Sei bei allen, die diese Grenzen täglich verspüren. Hilf ihnen, und sei du ihre Kraft. Darum bitten wir durch Christus, unseren Herrn.

Einladung zur Krankensegnung

Alle, die es möchten, sind nun eingeladen zum Segen mit Handauflegung. Die Handauflegung ist ein uraltes Symbol für das Berührtwerden von der Kraft Gottes, die stärkt, tröstet und heilt.

Segensbitte Gott schenke sein Heil euch und allen, die sich nach Hilfe und Heilung sehnen.
Er sei bei allen, die ihre Hoffnung auf ihn setzen.
Er stärke alle, die sich uns anvertrauen.
So segne uns und alle, für die wir beten Gott, der für uns da ist: der Vater…

Schlusslied GL 266 (Nun danket alle Gott)

Wer unterm Schutz des Höchsten steht

Segensfeier kurz nach Einzug in ein Heim

Vorbereiten *Textblatt für alle: „Weil du mir die Hand gibst“*

Eröffnungsgebet

Lebendiger Gott! Für N. N. hat ein neuer Lebensabschnitt begonnen. Sie/er lebt nun schon einige Tage hier im Heim. Dies ist einerseits beruhigend, denn sie/er kann sicher sein, dass Hilfe da ist, wenn sie/er Hilfe braucht. Andererseits ist es nicht leicht, unter fremden Menschen zu leben und auch von fremden Menschen Hilfe anzunehmen. Alles Neue ist verbunden mit Unsicherheit, mit Bedenken, ja sogar mit Ängsten. In Situationen, in denen Jesu Jünger ängstlich oder voller Bedenken gewesen sind, hat Jesus ihnen immer wieder zugerufen: „Fürchtet euch nicht. Ich bin da“ An ihn wenden wir uns jetzt:

Kyrie-Rufe Herr Jesus Christus, du bist, wo wir sind.
Herr, erbarme dich!
Du bist, wo Vertrauen ist. Christus, erbarme dich!
Du bist, wo Menschen füreinander da sind.
Herr, erbarme dich!

Lied Wir bekräftigen unser Vertrauen auf Gott, der für uns da ist, und singen gemeinsam:
GL 291 (Wer unterm Schutz des Höchsten steht)

Evangelium Mk 6,45–51a

Impuls Zwischen der Situation, die das Evangelium schildert, und dem Lebensabschnitt, den N. N. begonnen hat, spüren wir Gemeinsamkeiten.
Der Sturm treibt das Boot, in dem die Jünger sitzen, herum. Sie können keine klaren Gedanken mehr

fassen, fürchten sich, fühlen sich auf sich alleine gestellt. Der Gedanke, die vertraute Wohnung mit einem Platz hier im Heim vertauschen zu müssen, mag gleichartige Gedanken hervorrufen. Ähnlich wie der stürmische See, ist auch die Anfangszeit im Heim eine Herausforderung. Das bisherige Leben wird durcheinander geschüttelt, man ist unsicher, voller Bedenken, vielleicht auch voller Hoffnungen. Jesus sieht die Lage der Jünger, er fürchtet sich nicht vor dem Sturm, geht auf die Jünger zu und beruhigt sie. Sobald er da ist, legt sich der Sturm, kehrt Ruhe ein.
Was bedeutet das für N. N.? Es gibt Unsicherheiten, die uns herumtreiben, die uns keine Ruhe lassen, Dunkelheiten, durch die kein Licht zu dringen scheint, das Gefühl, etwas entscheiden zu müssen, von dem wir nicht wissen, was damit verbunden ist, wie sich die Situation entwickelt. Nehmen wir in solchen Situationen Jesus ins Boot! Er steht bereits am Ufer und wartet darauf, zu helfen. Die Jünger wollen es nicht glauben. Da haben wir es leichter als die Jünger. Wir können uns von anderen Menschen sagen lassen, dass der Glaube hilft. Wir haben auch selbst schon die Erfahrung gemacht, dass Jesus bei uns ist. Er ist bei uns durch Menschen, die für uns da sind. Er ist bei uns, wenn wir ihn rufen, mit ihm sprechen und uns ihm anvertrauen. Wir beten gemeinsam:

Gebet

Weil du mir die Hand gibst
und Ja zu mir sagst,
kann ich auch zu mir Ja sagen,
kann ich mit meinen Grenzen leben,
mich darin bewegen und sie annehmen.

Weil du mir die Hand gibst
und Ja zu mir sagst,
bin ich nicht allein gelassen,
kann ich Mut schöpfen
und wieder aufstehen.

Weil du mir die Hand gibst
und Ja zu mir sagst,
kann ich mit Zuversicht weitergehen,
und vertrauensvoll in die Zukunft schauen,
denn du gehst mit mir.

Gestern hast du mir deine Hand gegeben,
heute gibst du sie mir
und auch morgen wirst du sie mir geben,
ich übergebe mich deiner Hand
jetzt und immer und für alle Ewigkeit.

oder GL 764 (Litanei von der Gegenwart Gottes)

Lied GL 295 (Wer nur den lieben Gott lässt walten) *oder*
GL 298 (Herr, unser Herr, wie bist du zugegen)

Fürbitten *In Stille*

Vaterunser Wir beten das Gebet des Vertrauens, das uns Jesus gelehrt hat: Vater unser …

Gebet Guter Gott!
Du bist da.
Du bist da in meinen Gedanken.
Du bist da in meinen Fragen.
Du bist da in meinen Befürchtungen.
Du bist da in meinem Vertrauen.
Du bist da mit deinem Segen.
Dafür sei dir Lob und Dank in Ewigkeit.

Segensbitte *mit Handauflegung*
Gottes Segen behüte dich.
Gottes Segen begleite dich.
Gottes Segen stärke dich.
So segne uns der liebende Gott: der Vater …

Lied Wir stellen N. N. und uns alle unter den Schutz der Gottesmutter und singen:
GL 595 (Maria, breit den Mantel aus)

Sie tragen Frucht noch im Alter

Segensfeier für Mitarbeiterinnen und Mitarbeiter in der Seniorenpastoral

Anlass

In der Seniorenarbeit gibt es immer wieder Anlass zu einer Dank- und Segensfeier:

- *Dank an langjährige Mitarbeiter*
- *Willkommensgruß für neue Mitarbeiter*
- *Ende einer Funktionsperiode*
- *Übergabe von Funktionen*

Symbol

Weihrauch

Zur Eröffnung GL 270 (Kommt herbei, singt dem Herrn)

Einführung

Wir haben uns zu einem Dankgottesdienst versammelt. Frau .../Herr ... haben viele Jahre in der Seniorenarbeit unserer Pfarre mitgearbeitet. Nun beenden sie ihre Tätigkeit. Wir danken ihnen für ihren Dienst. Gleichzeitig heißen wir Frau .../Herrn ... willkommen und freuen uns über ihre/seine Bereitschaft, in unserem Kreis mitzuarbeiten.
In unserem Gottesdienst beziehen wir aber auch alle ein, die sich immer wieder bereit erklären, einen Dienst in unserer Gemeinschaft zu übernehmen. Ihnen allen erbitten wir den Segen Gottes.
Das Vorbild all unseres Tuns ist unser Herr Jesus Christus. Zu ihm rufen wir:

Kyrie-Rufe

Herr Jesus Christus, du bist gekommen, um dich für die Menschen einzusetzen: Herr, erbarme dich.
Du sendest uns als deine Mitarbeiter: Christus erbarme dich.
Alle, die du aussendest, begleitest und segnest du: Herr, erbarme dich.

Gebet Lebendiger Gott, von dir geht aller Segen aus. Wir sind zusammengekommen, um deinen Segen zu erbitten für …, die viele Jahre und mit großem Einsatz in unserer Gemeinde gewirkt haben. Vergilt du ihnen ihren Dienst und ihre Mühe. Wir bitten dich auch für …, die sich jetzt neu engagieren. Segne und vollende das gute Werk, das du mit ihnen begonnen hast! Uns alle aber lass erfahren, dass du der Gott bist, der uns durch seinen Geist und durch unseren Herrn Jesus Christus immer begleitet – heute und alle Tage und in alle Ewigkeit.

Lied GL 260 (Singet Lob unserm Gott)

Psalm Wir beten miteinander Psalm 92. Er ist ein Loblied auf Gott, dem wir so viel verdanken. Wer sich Gottes Wirken zum Vorbild für sein eigenes Denken und Handeln nimmt, hat den Sinn seines Lebens erkannt.
Ps 92; GL 737,2

Hinführung zur Lesung
Wir hören ein Segenswort aus dem Alten Testament. Segen empfangen und Segen verschenken, sind Zeichen der Nähe und der Güte Gottes.

Lesung Num 6,22–27

Impuls Segen hat eine doppelte Richtung: von Gott zu den Menschen und von den Menschen zu Gott. Gott beschenkt mit Segen und Gnadengaben. Wir antworten darauf mit Lobpreis und Dank. Von der Fülle, die wir empfangen, geben wir aber weiter. Wir setzen unsere Gaben ein. Dadurch werden wir selbst zum Segen. Gesegnet sein, das heißt aber nicht, dass das Leben unproblematisch, ohne Pannen und Einbrüche verläuft, sondern dass wir nicht alleine gelassen ist. Was der Gesegnete tut, was ihm auch widerfährt, Gott ist an seiner Seite. Er begleitet sein Leben, unterstützt sein Bemühen und inspiriert seine Arbeit. Gott tut dies sehr individuell. Die Segensworte, die wir gehört haben, deuten dies an: „Der Herr segne und behüte dich … Er wende sich dir zu … Er sei dir gnädig … Er schenke dir Heil." Mit „behüten" verbinden wir beschützen, bewahren, liebevoll auf jemanden schauen. Wer kann dies besser als Gott, dem unser Wohl am Herzen liegt? Wer kann dies besser nachvollziehen als Menschen, die in der Seniorenpastoral mit viel Liebe, einem weiten Herzen und ohne auf sich selbst zu schauen, für andere da sind! Ein Mensch, der so mit Gott verbunden ist, wird zum Zeichen für den liebenden, menschennahen Gott. Wer so gesegnet ist, kann sich einsetzen, kann aber auch Aufgaben, die ihm viel bedeutet haben, vertrauensvoll an andere abgeben, denn auch diese sind gesegnet. Geben wir Gott in unserem Leben viel Raum! Dann können wir mit Zuversicht Dienste und Funktionen neu übernehmen, dann können wir auch Aufgaben, die uns viel bedeuten, anderen übergeben. Sie werden diese so weiterführen, dass Gottes Segen spürbar ist.

Fürbitten

Lasst uns beten. – Lebendiger Gott, du schenkst uns ein Leben in Fülle. Wir bitten dich:

- Für alle, die in unserer Seniorenpastoral mitarbeiten: Segne und begleite sie.

A Segne und begleite sie.

- Für alle, die darin Funktionen und Aufgaben neu übernehmen.
- Für alle, die sich anderen Aufgaben zuwenden.
- Für alle, die sich nach der Zeit ihres Engagements von ihren Funktionen zurückziehen.
- Für alle, die wir durch unsere Angebote ansprechen.
- Für alle, die sich uns verbunden fühlen.
- Besonders beten wir für die älteren Menschen und für alle, für die wir zu beten versprochen haben:

Lebendiger Gott, höre auf unsere Bitten und sei bei uns heute und alle Tage bis in Ewigkeit.

Vaterunser Wir beten zu Gott, dem Vater allen Segens: Vater unser …

Gebet Lebendiger Gott, wir danken dir für alle Menschen, die sich für andere einsetzen, wir danken dir für alles, was jene Menschen bewirken, denen das Leben unserer Pfarrei ein Anliegen ist. Vergilt ihnen das Gute, das wir ihnen verdanken. Ermutige weiterhin Menschen aus unserer Mitte, Verantwortung für unsere Gemeinde zu übernehmen. Darum bitten wir durch Christus, unseren Herrn.

Lied Geh unter der Gnade (Liederbücher)

Symbolhandlung und Segen durch Handauflegung

Der Weihrauch ist Sinnbild für den Segen Gottes, der alles erfüllt und den wir uns jetzt neu zusprechen.

Weihrauch wird eingelegt; der Gottesdienstleiter hält seine Hände in die aufsteigende Weihrauchwolke und legt den zu Segnenden die Hände auf. Dazu spricht der Gottesdienstvorsteher:

Du bist ein Segen für viele. – Es segne dich Gott der Vater, der Sohn und der Heilige Geist.

Abschluss *Einladung zu einem gemütlichen Ausklang*

Lied GL 268 (Singt dem Herrn ein neues Lied)

Alter braucht Segen

Segensfeier an einem Seniorentag

Symbol *Karten für alle mit dem Vers: „Ich lasse dich nicht fallen, und ich verlasse dich nicht." (Jos 1,5)*

Lied GL 637 (Lasst uns loben, freudig loben)

Eröffnung „Alter braucht Segen" ist das Motto des Gottesdienstes, zu dem ich Sie alle herzlich begrüße. Ich kann aus den Worten dieses Satzes eine Frage machen: „Braucht Alter Segen?" Hören wir dazu einige Gedanken.

Sprecher Wenn ich „Alter" höre, dann denke ich an Umbrüche und Ungewissheiten, dann überfallen mich Ängste und Befürchtungen. Alter braucht Segen!

A Alter braucht Segen!

Sprecher Wenn ich an „Alter" denke, dann denke ich an die Vergangenheit und denke an die Zukunft, dann ordne und bewerte ich. Alter braucht Segen!

A Alter braucht Segen!

Sprecher Alter ist für mich Abschluss und Aufbruch, eine Wegstrecke, ein Lebensabschnitt. Alter braucht Segen!

A Alter braucht Segen!

Sprecher Was ist das eigentlich: „Segen"? Das lateinische Wort „benedicere" bedeutet jemandem Gutes zusagen, Kraft von Gott wünschen, jemanden unter den besonderen Schutz Gottes stellen. Das lateinische Wort „signare", von dem unser Wort „Segen" kommt, heißt: sich mit dem Kreuz bezeichnen, sich unter den Segen stellen, der vom Kreuz Jesu ausgeht. Diese Bitte um Segen ist immer schon verbunden mit dem uralten Ruf: „Kyrie eleison“. Zu Beginn unseres Gottesdienstes richten wir diesen an unseren Herrn:

Kyrie-Rufe Herr Jesus, du bringst uns den Segen des Vaters: Kyrie eleison.
Du birgst uns in Gottes Treue: Christe eleison.
Du schenkst uns neues Leben: Kyrie eleison.

Gebet Lebendiger Gott, unser ganzes Leben hindurch begleitest du uns. Wir bitten dich, geh weiterhin mit uns. Gib uns Kraft und Mut, Vergangenes abzuschließen, uns auf Neues einzulassen, Vertrautes zu schätzen und Vernachlässigtes neu zu versuchen. Stärke unseren Glauben und lass uns mit Vertrauen in die Zukunft blicken. Darum bitten wir durch Christus, unseren Herrn.

Hinführung zur Lesung

In einer schwierigen Lage sagt Gott zu Josua: „Ich lasse dich nicht fallen und ich verlasse dich nicht.“ Diese Zusage gilt nicht nur Josua, sondern auch uns, sei es in schwierigen Zeiten, in Zeiten der Um- und Neuorientierung, sei es im Alltag.

Lesung Jos 1,1–2.5–7.9

Antwortgesang *(vgl. GL 280)*

V Preiset den Herrn, denn er ist gut.
A Danket dem Herrn, denn er ist gut.

Sein Wort ist Licht auf unserem Weg.
Danket dem Herrn, denn er ist gut.

Sein Segen stärkt uns fort und fort.
Danket dem Herrn, denn er ist gut.

Er wirkt in uns durch seinen Geist.
Danket dem Herrn, denn er ist gut.

Er sendet uns in diese Welt.
Danket dem Herrn, denn er ist gut.

Wo wir auch sind, er ist bei uns.
Danket dem Herrn, denn er ist gut.

Halleluja Halleluja, Halleluja! Preiset den Herrn, sein Wort ist Licht über unserem Weg. Halleluja.

Evangelium Joh 3,1–13

Impuls *Gott segnet Aufbruch und Neubeginn*

Einen vielschichtigen Text haben wir eben in der Lesung gehört: die Geschichte eines Übergangs und eines Neubeginns. 40 Jahre ist Mose mit dem Volk Israel durch die Wüste gezogen. In das Gelobte Land wollte er es führen, doch ist es anders gekommen. Kurz vor dem Ziel starb er. Nun herrscht im Volk Israel große Ratlosigkeit. Mose hat nicht nur sein Ziel nicht erreicht, sein Tod bedeutet auch einen Einschnitt für alle. Der das Volk geführt hat, war nicht mehr da. Wie soll es weitergehen? Wer könnte die Nachfolge des Mose antreten? Wie wir gehört haben, hat Gott dazu Josua ausersehen. Josua ist ein nicht mehr ganz junger Vertrauter des Mose. Bevor er in die Aufgabe einwilligt, hat er sicher Bedenken: Bin ich der Aufgabe auch gewachsen? Wird mich das Volk akzeptieren? Kann ich alle Erwartungen erfüllen? Sollte nicht besser ein Jüngerer die Aufgabe übernehmen? In diese Situation voller Ungewissheit, sagt ihm Gott seine Unterstützung zu, so wie er Mose unterstützt hat. Daraufhin nimmt Josua die Aufgabe an. Gottes Segen ist mit ihm.

Eine ähnliche Situation schildert das Evangelium. Nikodemus ist ein angesehener, älterer Herr, er gehört zu den Pharisäern, einer Gruppe der Gesetzeslehren mit einer fixen Vorstellung von Gott und

Moral, von Geboten und Verboten. Sie fühlen sich gerne als Elite, besser als die anderen. Nikodemus fällt aus diesem Rahmen heraus. Er denkt nicht in streng vorgegebenen Bahnen, stellt Fragen, denkt nach und sucht jemanden, mit dem er die Fragen, die ihn im Älterwerden beschäftigen besprechen könnte: „Wie kann jemand wie ich, der doch schon älter ist und nicht mehr viel Zeit hat, einen neuen Anfang machen?" Mit anderen Worten: Was bleibt von meinem Leben? Hat es Spuren hinterlassen, und wenn, ja, welche? Aus so vielem, wofür ich mich eingesetzt habe, ist nichts geworden. Ich habe mich an das Gesetz gehalten, das Volk darin unterwiesen, die Welt ist deshalb nicht besser geworden. Ich habe mich bemüht, ein anständiger Mensch zu sein – im Beruf, in der Familie, im Glauben – doch nichts hat sich geändert. Was bringt der Glaube für das Leben? Wofür habe ich mich abgemüht? Was habe ich falsch gemacht? Gibt es noch eine Chance? Nikodemus schildert Jesus sein Problem. Jesus antwortet mit Bildern wie: neue Geburt, Wasser, Geist, aus denen Nikodemus herauslesen kann: Pass auf, sei bereit, es geschieht etwas mit dir. Sei offen, erzwingen kannst du nichts, aber lass an dir geschehen, Gott handelt.

Wir wissen nicht, was die Worte Jesu bei Nikodemus bewirkt haben. Wir dürfen wohl annehmen, dass er sensibler wurde für Anrufe, Nuancen, neue Sichtweisen, andere Wege und Möglichkeiten, sein Leben zu gestalten, Meinungen einzuholen, Dinge zu werten, Geschehnisse einzuordnen. Nikodemus hatte den Mut, sich von seiner Sehnsucht bewegen zu lassen. Von Jesus hört er, dass Gott ihm auf vielerlei Wegen entgegenkommt und ihm schenkt, was er für seine Zukunft braucht – mit anderen Worten: dass er bei ihm ist und dass er ihn segnet.

Bitten und Fürbitten

Wir wollen unseren Herrn und Gott bitten:

- Gott, unser Vater, du hältst alles in deinen Händen. Wir bitten dich: Halte auch uns, begleite uns, nimm von uns die Angst vor dem Ungewissen, die Scheu vor dem Ungewohnten.

V/A Öffne unser Herz und unsere Augen, damit wir zum Leben finden.

- Herr Jesus Christus, du hast den Menschen den Segen des Vaters gebracht. Wir bitten dich für alle, die in ihrem Leben keinen Sinn mehr sehen, die sich selbst nichts zutrauen, und für alle, die sich alleine und verlassen fühlen.

V/A Öffne ihr Herz und ihre Augen, damit sie zum Leben finden.

- Gott, Heiliger Geist, tragende Kraft und ausdauernder Atem. Wir vertrauen uns dir an mit Leib und Seele und in allen Dingen. Motiviere uns und alle, für die wir beten, zum Guten. Ermutige uns zu segensreichem Tun.

V/A Öffne unser Herz und unsere Augen, damit wir zum Leben finden.

Lebendiger Gott, diese und alle unsere Bitten vertrauen wir dir an. Höre uns und schenke uns, was wir brauchen, heute und alle Tage und in alle Ewigkeit.

Vaterunser Das Kommen des Reiches Gottes ist Segen für uns alle. Wir beten darum mit den Worten, die Jesus uns aufgetragen hat: Vater unser …

Gebet Immer wieder gibt es Zeiten, in denen wir uns nach jemandem sehen, der uns hilft, der uns stärkt oder tröstet. Du, guter Gott, hast uns versprochen: „Ich lasse dich nicht fallen, und ich verlasse dich nicht." Lass uns dies immer wieder spüren, denn du bist unser Trost, unsere Stärke und unsere Zuversicht. Daran wollen wir festhalten – heute und alle Tage und in alle Ewigkeit.

Meditation Bin ich ein Segen?

Segen kommt aus der Hand Gottes,
doch hat er ihn auch in unsere Hände gelegt.

Wir können Gottes Segen sein,
wenn wir seine Liebe leben, sie weitergeben an unsere Nächsten.

Wenn der Nächste durch mich zur Ruhe kommt,
seinen Frieden mit sich und den Seinen wieder findet.

Wenn er wieder lächeln kann,
sich freut und Hoffnung hat.

Wenn er ein wenig klüger und gläubiger,
ein wenig liebevoller wird durch meine Worte.

Herr, bin ich ein Segen für meine Mitmenschen,
meine Familie, meine Kollegen und den unbekannten Nächsten?

Herr, mach' mich zum Segen!

Segen Alter braucht Segen. Im Verlauf unseres Gottesdienstes ist dies noch klarer geworden. Wir brauchen Segen als Hilfe, Stärkung und Unterstützung. Es braucht aber auch uns, damit Segen erfahrbar wird. Wir können Hilfe, Unterstützung und Stärkung sein. In diesem Sinne rufen wir den Segen Gottes auf uns herab:
Gott, du lässt uns nicht fallen, und du verlässt uns nicht, du bist bei allem, was wir unternehmen. Lass dein Angesicht über uns leuchten, mach uns froh durch dein Heil. Segne uns und alle, die uns verbunden sind. Lass uns und alle, denen wir begegnen, aus deinem Segen leben: du der eine Gott, Vater, Sohn und Heiliger Geist.

Lied GL 269 (Nun danket alle Gott)

Ausklang

Sprecher Mit deinem Segen, Gott, gehe ich voll Zuversicht meinen Weg.

Sprecher Durch deinen Segen, Gott, kann ich annehmen, was kommt.

Sprecher Dein Segen, Gott, ist mir Schutz, Stütze und Sicherheit in Gegenwart und Zukunft.

V Mit dem Segen Gottes: Gehet hin in Frieden!

Einladung zum Einzelsegen; an die Gottesdienstbesucher werden die vorbereiteten Spruchkarten verteilt.

Was du, Herr, segnest, ist für immer gesegnet

Segensfeier zum Tag der älteren Generation

Vorbereiten *Opferlichter*

Zur Eröffnung Liederbücher (Herr, deine Güte ist besser als Leben) *oder* GL 268 (Singt dem Herrn ein neues Lied)

Eröffnung Aus Anlass des Tages der älteren Generation sind wir zu einer Segensfeier eingeladen. Wir bitten um Gottes Segen. Das bedeutet mehr, als jemandem zu sagen: Ich meine es gut mit dir! Ich wünsche dir alles Gute! Segen heißt: Wir stellen uns unter die Kraft Gottes, wir rufen sie auf uns herab, in der Gewissheit, dass diese Kraft wirkt. Erst Gottes Kraft erfüllt mit Leben, was wir tun. Sie gibt unseren Wegen eine Ausrichtung, führt uns bei Fragen und Unsicherheiten, füllt unsere Pläne mit Inhalt.

Kyrie-Rufe Herr Jesus Christus, auf dir ruht der Geist des Vaters, der Geist, der aufleben lässt: Kyrie eleison!
Du bringst uns die Frohe Botschaft, die Botschaft, die Hoffnung macht: Christe eleison!
Wer an dich glaubt, an dem erfüllen sich Gottes Verheißungen: Kyrie eleison!

Gebet Guter Gott, von dir kommt aller Segen. Du hast uns als deine Kinder angenommen und zugesagt, uns durch unser Leben zu begleiten. In dieser Feier wollen wir uns auf deine Zusage besinnen und unser Leben erneut auf dich ausrichten. Sie schenke uns den Mut, die Wege zu gehen, die vor uns liegen, die Aufgaben zu übernehmen, die auf uns warten, und unseren Alltag als Christen zu leben. Darum bitten wir durch Christus, unseren Herrn.

Hinführung zur Lesung

Die Lesung ist dem Gebet des Königs David entnommen, als ihm der Propheten Natan im Auftrag Gottes zahlreiche Segensverheißungen zugesprochen hat. David ehrt damit Gott, der das, was er verheißen hat, auch tut, und dem deshalb Lob und Dank gebührt.

Lesung 1 Chr 17,16.22–27

Antwortgesang

KV Ich traue mich dir an auf ewig (Liederbücher) *oder* GL 528,1 (Du nimmst mich, Herr, bei der Hand)

Gott, du durchschaust mich,
du kennst mich durch und durch.
Ob ich sitze oder stehe, du weißt es,
von ferne erkennst du, was ich denke.
Ob ich gehe oder ausruhe, du prüfst es.
Alle meine Wege sind dir vertraut.
Von allen Seiten umschließt du mich:
Ich bin ganz in deiner Hand.

Dass du mich so vollständig kennst,
übersteigt meinen Verstand,
ich kann es nicht fassen.
Du bist es, der mein Innenleben schuf,
mich im Leib meiner Mutter formte.
Dafür danke ich dir, denn es erfüllt mich
mit Ehrfurcht.
An mir selber erkenne ich:
alle deine Taten sind Wunder.

Kehrvers

Ich war dir nicht verborgen, als ich im Verborgenen Gestalt annahm, tief drinnen in deiner Schöpfung. Du sahst mich schon fertig, als ich noch ungeformt war. Im Voraus hast du meine Lebenstage in deinem Buch verzeichnet, noch ehe einer begann.

Wie rätselhaft sind für mich deine Gedanken, Gott, wie unermesslich ist ihre Masse!
Sie sind zahlreicher als der Sand am Meer. Würde ich nächtelang zählen, ich bliebe immer am Anfang bei dir.
Durchforsche mich, Gott, und erkenne mein Herz, prüfe mich, erkenne meine Gedanken,
schau, ob ich auf sündhaftem Weg bin; auf dem Weg der Ewigkeit führe mich zu dir.

(aus Ps 139)

Kehrvers

Ruf vor dem Evangelium

V/A Halleluja, halleluja, halleluja.

V Du hast das Haus deines Knechtes gesegnet – du, Herr, hast es gesegnet, und es bleibt für immer gesegnet.

A Halleluja, halleluja, halleluja.

Hinführung zum Evangelium

Durch Jesus erfahren viele Menschen, vor allem jene, die keine Hoffnung haben, Gottes Segen.

Evangelium Lk 4,14–21

Predigt

Fürbitten Gott ist ein Freund des Lebens und möchte, dass alle Menschen Leben in Fülle erfahren. Wir bitten ihn:

- Für die Menschen aller Lebensalter, für alle, die zueinander gehören, und für alle, die anderen aus dem Weg gehen, um Sorge und Achtung füreinander:

A Gott, segne und geleite sie!

- Für alle Kinder, dass sie in eine Welt hineinwachsen, die für sie aufgeschlossen ist.
- Für alle jungen Menschen, dass sie sich selbst annehmen und offen sind für die Zukunft mit ihren Unsicherheiten.

- Für alle, die auf der Höhe ihres Lebens stehen, dass sie ihre Aufgaben erfüllen und selbst Erfüllung finden.
- Für alle, die mit ihrem Leben nicht mehr zurechtkommen. dass sie zu neuem Selbstvertrauen finden.
- Für alle älteren Menschen, dass sie ernten können, was sie gesät haben.
- Für alle, die mit Krankheit oder anderen Einschränkungen leben, dass es ihnen gelingt, auch darin positive Seiten zu sehen.

Guter Gott, deine Gnade macht uns zu neuen Menschen. Gib, dass wir uns nicht aus dem Blick verlieren, dass wir immer füreinander da sind und dir als deine Kinder danken durch Christus, unseren Herrn.

Meditation *Wer möchte, zündet ein Opferlicht an und stellt es im Gedenken an alle zum Altar, für die er Segen erbittet. Währenddessen meditative Musik. Wenn alle Kerzen aufgestellt sind:*

V/A Was du, Herr, segnest, ist für immer gesegnet!

Ich war, bevor du warst.
Ich war, als du wurdest.
Ich habe dich gewollt.
Ich bin bei dir, seit du bist.

V/A Was du, Herr, segnest, ist für immer gesegnet!

Ich schenkte dir die Fülle meiner Kraft.
Ich hauchte dir meinen Geist ein.
Ich umhüllte dich mit dem Mantel meiner Liebe.
Ich bin dir Weg und Licht.

A Was du, Herr, segnest, ist für immer gesegnet.

Ich bin bei dir, seit du fühlst und empfindest.
Ich bin bei dir, seit du dich bewegen kannst.
Ich bin bei dir, seit du hörst und sprichst, lachst oder weinst.
Ich bin bei dir und sorge für dich.

A Was du, Herr, segnest, ist für immer gesegnet.

Ich bin bei dir, wenn dich Sorgen treffen.
Ich bin bei dir, wenn du krank bist und Schmerzen dich quälen.
Ich bin bei dir, wenn es dunkel um dich wird.
Ich bin bei dir als Heilung, Licht und Halt.

A Was du, Herr, segnest, ist für immer gesegnet.

Ich bin bei dir an jedem deiner Tage.
Ich bin bei dir an jedem Abend, in jeder Nacht.
Ich bin bei dir, wenn du Ruhe und Frieden suchst.
Ich bin bei dir und wache alle Zeit über dich.

A Was du, Herr, segnest, ist für immer gesegnet.

Ich bin bei dir in allem, was du tust.
Ich bin bei dir in allem, was du suchst.
Ich bin bei dir in allem, wonach du dich sehnst.

Ich, dein Gott und Schöpfer,
bin also immer um dich.
Ich behüte dich. Ich habe dich gesegnet.
Ich werde immer für dich da sein.
Was ich einmal gesegnet habe, ist für immer gesegnet.

A Was du, Herr, segnest, ist für immer gesegnet.

Vaterunser

Gebet Gott, du bist ein Gott für uns Menschen, du lässt dich ganz und gar auf unser Leben ein. Begleite unsere Wege mit deiner Güte und Treue. Lass unser Denken und Tun Tag für Tag gelingen. Gib uns die Kraft, dass wir auch dann zu unserem Leben „Ja" sagen können, wenn uns Leid und Schmerz treffen. Freud und Leid, Glück und Unglück mögen dazu beitragen, dass wir täglich innerlich und äußerlich wachsen. Darum bitten wir durch Christus, unseren Herrn.

Lied Die Güte des Herrn (Liederbücher) *oder*
GL 637 (Lasst uns loben)

Segen Wir stellen uns nun unter Gottes Segen. Dazu lade ich ein, einander die Hände zu reichen oder eine Hand auf die Schulter des Nachbarn zu legen:

Gott, der treue und lebendige,
segne dich,
er schenke dir Hoffnung
wider alle Hoffnungslosigkeit,

er schenke dir Gelassenheit
im alltäglichen Tun,
er schenke dir Halt
durch Menschen, die mit dir gehen,

er schenke dir Kraft,
deine Ohnmacht auszuhalten,
er schenke dir die Hoffnung,
dass du auf alle Fragen
einmal eine Antwort bekommen wirst,

er schenke dir Vertrauen und Zuversicht
und lasse dich
zum Zeugen seiner Liebe werden.

Allgemeiner Segen

Der Segen unseres lebendigen und liebenden Gottes, des Vaters, des Sohnes und des Heiligen Geistes, komme auf euch und bleibe bei euch alle Zeit.

Einladung zum Einzelsegen

Jetzt besteht noch die Möglichkeit zum Einzelsegen. – Wer möchte, kann gerne sein Opferlicht mit nach Hause nehmen.

Lied Lobe den Herrn (Liederbücher) *oder*
GL 267 (Nun danket alle Gott)

Gesegnet und zum Segen werden

Segensfeier im Seniorenkreis

Zur Eröffnung GL 270 (Kommt herbei)

Einführung Täglich wünschen wir einander einen „guten Morgen", einen „schönen Abend", einen „guten Tag". Ein solcher Wunsch sagt, dass wir den anderen nicht übersehen, sondern beachten. Zu Beginn unserer Segensfeier bezeichnen wir uns mit dem Kreuzzeichen und begrüßen einander mit: „Der Herr sei mit euch!"
„Der Herr sei mit euch!" ist ein Wunsch von besonderer Tiefe. Es ist nicht irgendjemand mit uns, sondern der Herr, der uns durch sein Kreuz und seine Auferstehung Segen erwirkt hat. Zu ihm rufen wir:

Kyrie-Rufe Herr Jesus Christus, du bist unter uns: Herr, erbarme dich.
Deine Gegenwart erfüllt uns mit Freude: Christus, erbarme dich.
Deine Nähe ist für uns reicher Segen: Herr, erbarme dich.

Gebet Lebendiger Gott, du bist der Vater, zu dem wir offen und ehrlich sprechen können. Du sorgst dich um jeden Einzelnen von uns. Wir sind heute gekommen, um uns durch dein Wort stärken zu lassen. Schenke uns ein offenes Herz, das nicht nur hört, sondern auch tut, was du ihm sagst. Darum bitten wir durch Christus, unseren Herrn.

Lesung Gen 12,1–5

Psalm Ps 34; GL 723

Evangelium Lk 11,1–4

Impuls

Gott kann sich in die Bedürfnisse älterwerdender Menschen offensichtlich nicht hineindenken! In einem Alter, in dem Sicherheit, Geborgenheit, Beheimatung immer wichtiger werden, mutet er Abraham zu, seine Heimat zu verlassen und sich von allem zu lösen, was ihm lieb und wert ist. Heimat, Verwandtschaft, Vaterhaus soll er verlassen, alle Traditionen, in denen er aufgewachsen ist, alles, was ihm Sicherheit gibt. Dies alles soll er gegen eine Zukunft eintauschen, von der ihm Gott nur vage sagt, dass er sie ihm zeigen wird. Mit dieser vagen Zukunft hat Gott zudem noch eine Aufgabe verbunden: Segen zu sein. Vorerst bleibt offen, was Gott damit konkret meint. „Im Land", in der Zukunft, wird es sich erweisen. Gott schickt Abraham in die Zukunft. Er kann dies aber nur, weil Abraham sich darauf einlässt. Er ist ein Mensch, der im hohen Alter nicht mit dem Leben abgeschlossen hat, sondern aufgeschlossen ist für neue Wege, für andere Sichtweisen und Gegebenheiten. Er ist ein Mensch, der wach und lebendig geblieben ist – und daher sensibel für den Ruf Gottes. Deshalb ist Gott mit ihm. Wo Abraham ist, ist Gott. Dies spüren auch andere Menschen.

Was aber hat diese Geschichte mit uns zu tun? Gott hat Abraham gerufen und einen Bund mit ihm geschlossen. Dies hat er auch mit uns getan. Bei der Taufe hat er uns gerufen und versichert: „Ich bin bei dir. Du gehörst zu mir." Unsere Antwort auf diesen Ruf ist: „Du bist mein Gott, ich gehöre zu dir." Weil wir ihm vertrauen, beschenkt er uns mit seinem Segen. Es liegt nun an uns, kraft dieses Segens unser Leben zu gestalten und selbst zum Segen zu werden. Die an Abraham ergangenen Verheißungen Gottes gelten auch uns. Auch wir sind gesegnet und können zum Segen werden. Wenn wir offen und wach sind: für Gott, für unsere Mitmenschen, für das, was um uns geschieht. Wenn wir uns vor der Gegenwart und der Zukunft nicht verschließen, sondern diese mitgestalten. Wenn wir nicht nur auf uns und unseren Vorteil schauen, sondern den Blick auch über die eigenen vier Wände hinaus richten. Wenn wir die Vergangenheit nicht glorifizieren, sondern aus ihr lernen. Wenn wir mit unseren Gütern und mit der Erde so umgehen, dass spätere Generationen nicht vor Problemen stehen, die kaum zu lösen sind. Segen sein heißt auch, im Gebet unsere Beobachtungen und Wünsche, unsere Hoffnungen und Befürchtungen vor Gott zu tragen.

Fürbitten Von Gott kommt alles Gute. Darum bitten wir ihn voll Vertrauen:

- Herr, unser Gott, lass alle älteren Menschen ihre Stärken erkennen, mit denen du sie gesegnet hat, und lass sie diese auch einsetzen.

A Wir bitten dich, erhöre uns.

- Wir bitten, dass uns die Gewissheit nicht verloren geht, unter deinem Segen zu gehen.
- Wir bitten für die Menschen, die uns besonders nahe stehen und denen wir täglich begegnen.
- Wir bitten für die Menschen, die Gemeinschaft, Liebe und Zuwendung besonders brauchen.
- Wir bitten für uns, dass wir durch Hände und Füße, Herz, Mund und Ohren Segen bringen.
- Wir bitten in unseren persönlichen Anliegen und für alle, für die wir zu beten versprochen haben.

Lebendiger Gott: Wer auf dich vertraut, der wird nicht enttäuscht, sondern gehalten und getragen. Dir sei Ehre in Ewigkeit.

Vaterunser

Friedensgruß Gott schenkt allen, die auf ihn vertrauen, den Frieden, den nur er schenken kann, den Frieden, der bleibt und unser Leben trägt. Wir wünschen einander jetzt diesen Frieden.

Gebet Gott, du bist der Gott der Liebe und der Treue. Zu dir können wir mit Glauben und Vertrauen aufblicken. Du gibst, was wir brauchen und vollendest, was wir beginnen, du segnest was wir im Herzen tragen. Dafür danken wir dir, heute und alle Tage – bis in alle Ewigkeit.

Segen Gott segne deinen Weg:
die sicheren und die unsicheren Schritte
die Schritte, die du alleine gehst
und die Schritte, bei denen dich jemand begleitet.
Amen.
Gott segne dich auf deinem Weg:
mit genügend Atem für eine mühsame Strecke,
mit guter Orientierung an der nächsten Kreuzung,
mit der sicheren Hoffnung, das Ziel zu erreichen,
mit gutem Mut, auch einmal stehen zu bleiben,
mit neuer Kraft, weiter zu gehen.
Amen.
Gottes Segen umhülle dich auf deinem Weg
wie ein wärmender Mantel,
Gottes Segen sei dir Nahrung auf deinem Weg
wie Brot und Wein,
Gottes Segen leuchte dir auf deinem Weg
wie die Sonne am Tag leuchtet und der Mond in der Nacht.
Amen.

Der Segen unseres liebenden Gottes, des Vaters, des Sohnes und des Heiligen Geistes, komme auf euch und bleibe bei euch alle Zeit.

Lied GL 280 (Preiset den Herrn, denn er ist gut)

Wort auf dem Weg

Segen kommt aus den Händen Gottes,
doch hat er ihn auch in unsere Hände gelegt.

Weil Gott uns segnet,
können auch wir segnen.

Weil Gott unser Segen ist,
sind auch wir ein Segen.

Im Segen wirkt Gottes Kraft
in uns und durch uns.

Im Segen geht Gott mit uns.
Sprechen wir von seinem Segen
bei den Menschen!